BREVE HISTORIA DEL FASCISMO

Breve Historia del Fascismo

Iñigo Bolinaga

nowtilus

Colección: Breve Historia
www.brevehistoria.com

Título: Breve Historia del Fascismo
Autor: © Iñigo Bolinaga Irasuegui

Doña Juana I de Castilla 44, 3° C, 28027 Madrid
www.nowtilus.com

Editor: Santos Rodríguez
Coordinador editorial: José Luis Torres Vitolas

Diseño y realización de cubiertas: Murray
Diseño del interior de la colección: JLTV
Maquetación: Claudia Rueda Ceppi

ISBN-13: 978-84-9763-452-6
Fecha de edición: Marzo 2008

Printed in Spain
Imprime: Estugraf Impresores, S.L.
Depósito legal: M-6760-2008

A aita y ama

ÍNDICE

1

Aquel rojo despertar

Soy fascista porque soy italiano
Luigi Pirandello
Premio Nobel de Literatura

El hijo del herrero

Aún era un niño, pero ya apuntaba maneras. Mussolini fue expulsado temporalmente del colegio por conducta turbulenta e irrespetuosa hacia sus profesores y compañeros; un hecho que, siendo hijo de quien era, a pocos podría sorprender. No en vano se dice que de casta le viene al galgo. Su padre, Alessandro Mussolini, era un descomedido herrero de la región de la Romagna conocido por su desparpajo, sus simpatías socialistas y su afición por las mujeres. La conducta social del vástago podía disgustarlo un poco, pero en el fondo se enorgullecía de aquel maleante infantil que, con sus fechorías, garantizaba que los Mussolini estaban hechos de una pasta diferente y de que, al menos durante una generación más, seguirían siendo los gallos del corral.

Como no podía ser de otro modo, el inefable Alessandro escogió para su hijo los nombres de Benito Amílcar Andrea, en homenaje al líder mexicano Benito Juárez y los revolucionarios italianos Amílcar Cipriano y Andrea Costa. El joven Mussolini se educó en una familia de clase media dominada por el fuerte carácter paterno, de quien aprendió aquello de que es preferible pisar que ser pisado, una máxima que no dudó en poner en práctica desde que tuvo uso de razón. Aunque tomó el camino profesional de su madre estudiando la carrera de magisterio, la impronta paterna resultó definitiva a la hora de tallar la personalidad del joven Mussolini, que se revelaría jovial, irreverente, y un poquito desvergonzado. Del mismo modo, la glorificación de la bravura y el valor, adosados a un profundo darwinismo personal y social *—solamente los fuertes sobreviven—,* se convertiría en una constante heredada de su padre que le acompañaría hasta la muerte y que definiría, en buena medida, la lógica de pensamiento que desembocaría en el primer fascismo.

A pesar de su indisciplina, Benito Mussolini se reveló como un estudiante capaz, de manera que con diecinueve años y un título de magisterio en el bolsillo, comenzó a trabajar en un colegio de educación primaria hasta el año 1902, fecha en la que se trasladó a Suiza por motivos políticos. Militante del Partido Socialista desde 1900 y contrario al servicio militar obligatorio, el joven maestro puso rumbo al norte con la esperanza de escurrirse del llamamiento a filas. Allí entró en contacto con un importante número de refugiados políticos de tendencia socialista, muchos de ellos miembros del Partido Socialdemócrata Obrero Ruso de Lenin, que en 1903 se escindiría en las facciones bolchevique y menchevique y que Mussolini, desde su exilio suizo, iba a conocer de primera mano. Suiza supuso un fenomenal adiestramiento revolucionario, tanto desde el campo teórico a base de variopintas lecturas y apasionadas conversaciones políticas, como desde el práctico, ya que significó la primera puesta en escena de aquel prometedor jovenzuelo predicando la insurrección obrera y realizando labores de agitación política. Una febril actividad que le encaminó hacia sus primeras prisiones.

Aprovechando la amnistía decretada en 1904, Benito Mussolini regresó a Italia cargado de experiencia y doctrina revolucionaria, un bagaje, que combinado con su exaltada oratoria y sus aspiraciones políticas, lo llevó a involucrarse con mucho éxito en las actividades del Partido Socialista; tanto, que comienza a destacar como uno de los militantes más conocidos de la Romagna. Mientras tanto, cumple con los dos años de servicio militar y vuelve a ejercer como maestro, una actividad que le reportará menos satisfacciones que el activismo político y que, finalmente, abandonaría por el periodismo. En 1908 trabaja en una publicación izquierdista de Trento, ciudad austrohúngara de lengua y cultura italianas, que el nacionalismo transpirenaico reivindicaba, junto a otros territorios, como parte irredenta de la nación italiana. El hijo de Alessandro no tardó en ser expulsado de Austria-Hungría por sus actividades marcadamente revolucionarias y sus inflamados artículos en favor de la incorporación del Trentino.

El Mussolini de esta época aún se considera un socialista ortodoxo, pero ya por entonces comienza a destacarse en su pensamiento una dicotomía nacional y social que lo arrastrará a posturas muy cercanas a las propugnadas por el sindicalismo revolucionario; se define internacionalista, pero sueña con una Italia grande y solidaria. Proclama con vehemencia su oposición a la guerra de Libia (1911), tanto que, arropado por sus compañeros de partido, organiza una batalla campal en la ciudad de Forli donde arrancan los adoquines del suelo para hacer barricadas… y sin embargo sus razones no coinciden exactamente con las argumentadas por el PSI. Denuncia la humillación nacional, pero no la guerra imperialista. Y comienza a atisbar la idea que va a definir el futuro de su actividad política: la guerra es el único elemento aglutinador que puede lograr unir a los italianos en una empresa común.

Mussolini el socialista

La guerra es el punto de divergencia que acelerará el proceso de ruptura de Mussolini con el Partido Socialista Italiano de forma drástica y definitiva. Veamos el proceso: tanto en su disconformidad a la guerra libia como en cualquier otra toma de posición, del tipo que sea, Mussolini destaca como un hombre muy vehemente. Imprime una fuerte dosis de pasión en todo lo que lleva a cabo, a veces rozando lo histriónico, y eso gusta mucho dentro del partido. Los dirigentes creen haber descubierto en él a un auténtico diamante en bruto, un hombre carismático, directo, brutal incluso, pero sobre todo cercano; un militante entregado, capaz de conectar con el pueblo de una manera efectiva y natural. Debido a su experiencia periodística, en diciembre de 1912, es reclamado por el diario socialista *Avanti*, de Milán, para encargarse de su dirección; un hecho que supuso un importante salto de calidad, ya que se trata del rotativo más influyente del socialismo italiano, enclavado en una de las zonas más poderosamente obreras de toda Italia, bastión socialista casi por definición y, probablemente, la región más importante del partido a nivel nacional. Aupado sobre semejante tribuna, Mussolini tiene ahora la gran oportunidad de airear masivamente sus siempre exaltados puntos de vista, y vaya que si la aprovecha. La influencia del joven socialista gana puntos, tanto en las bases como en la dirección

Mussolini nunca fue un político al uso. Sus formas y hábitos campechanos hicieron de él un líder que supo atraerse las simpatías de un importante sector del pueblo italiano.

del partido, a la que ha accedido en julio de aquel año como miembro del Comité Ejecutivo, de manera que se convierte en el líder *de facto* de la corriente más radical del Partido Socialista. La tribuna del rotativo socialista más importante de Italia se pone, pues, al servicio de un socialismo revolucionario auspiciado por Mussolini que penetra en las poderosas capas obreras de la Lombardía tintando de rojo pasión sus metas y reivindicaciones. De hecho, habitualmente se ha considerado que a partir de 1912 el sector mussoliniano se impuso sobre el reformista, un hecho que el mismo Lenin constató en sus apreciaciones sobre el progreso de la revolución mundial y que saludó con entusiasmo. No en vano Lenin estaba convencido de que la revolución solamente llegaría a buen término si la llevaba a cabo un pequeño grupo de revolucionarios profesionales, una teoría ciertamente elitista que Mussolini compartía y que Lenin impuso, no sin problemas, dentro del bolchevismo. En este sentido, ninguno de los dos confiaba en las masas, a las que consideraban muy maleables y tan fáciles de dirigir hacia la revolución como hacia la reacción. Además, Mussolini, como Lenin, manifestaba un ardiente deseo de confrontación violenta contra el sistema burgués, en clara contraposición a un socialismo reformista que despreciaba; algo que Lenin no podía sino aplaudir ya que era, precisamente, lo que estaba haciendo dentro de su partido, aislando a la facción menchevique para marcar con sus agresivas teorías de lucha al otro sector.

A partir de 1914 comienza la Primera Guerra Mundial e Italia se mantiene neutral, algo que el Partido Socialista aplaude, pero que Mussolini y un sector afín a las corrientes del sindicalismo revolucionario no pueden más que acatar con un mohín de disgusto. A pesar de estas divergencias con la cabeza del partido, *Avanti* acató la línea política, comenzando así una campaña de denuncia de la guerra imperialista, tal y como se había acordado en las reuniones de la Segunda Internacional, donde los partidos obreros de todo el mundo adoptaron la consigna de que *aquí no hay franceses ni alemanes, sino obreros explotados. No vayas a la guerra. Paz entre pueblos y guerra entre clases*. Al contrario de lo previsto, tan solo las secciones rusa e italiana cumplieron el acuerdo, de manera que, una vez iniciada la guerra, los partidos socialistas de las potencias contendientes se avinieron a apoyar el esfuerzo militar de sus respectivos países; un hecho que, desde las posiciones más izquierdistas del socialismo internacional, fue tachado de traición y que, años más tarde, incitó a Lenin a organizar la Tercera Internacional. Para repugnancia de Mussolini, su posición al frente de uno de los medios de masas más influyentes del socialismo italiano le obligaba a defender una postura con la que no estaba de acuerdo, a pesar de lo cual, no dejaba de mirar de reojo las manifestaciones intervencionistas que determinados grupos de la derecha y el nacionalismo italiano reclamaban, casi a diario, en las calles y en sus medios de comunicación. Pero el director de *Avanti* no se distinguía precisamente por su mansedumbre, por lo que no tardan en aparecer editoriales que rompen con la unidad del partido, criticando la inhibición ante la guerra. Se abrió, de este modo, un agrio debate entre Mussolini y la dirección que desembocó en un enfrentamiento abierto que el PSI no podía admitir durante mucho tiempo, por la imagen de división interna que entrañaba el hecho de que el director de *Avanti* se exhibiera públicamente al lado de los intervencionistas en las manifestaciones callejeras. Ahora Mussolini dirige su artillería contra el partido. La situación se vuelve tan enojosa que en octubre de 1914 Mussolini dimite de su cargo, ante lo cual el PSI decide anular su militancia. *El Partido Socialista te expulsa, Italia te acoge,* telegrafió Guiseppe Prezzolini al animoso apóstata socialista. Alentado por la solidaridad mostrada por un buen número de intelectuales italianos y el apoyo casi incondicional de los partidarios de la guerra, Mussolini fundó un nuevo periódico, *Il Poppolo d'Italia*, del cual también ejerció como director y que se convertirá en el máximo órgano de expresión de los intervencionistas de izquierda. De la mano de líderes nacionalistas como el poeta Gabriele d'Annunzio, Mussolini se entregó a una orgía de manifestaciones, discursos y mítines para obligar al ejecutivo a tomar parte en la conflagración mundial bajo el manto de la entente hasta que, finalmente, presionado por la ruidosa campaña, el gobierno italiano firmó un pacto secreto en Londres por el que se comprometía a declarar la guerra a las potencias centrales a cambio de una serie de compensaciones territoriales que incluirían las zonas irredentas del norte, algunos puntos en Asia Menor y África, y el reconocimiento de la esfera de influencia italiana en Albania. Corría el año 1915 e Italia, con gran regocijo de los nacionalistas, se disponía a intervenir en una guerra para la que no estaba ni militar ni emocionalmente preparada.

PRÓXIMA ESTACIÓN: FASCISMO

Mussolini fue movilizado para la guerra mundial, llamada a la que acudió sin rechistar y mostrándose como un soldado disciplinado. Ya desde entonces había tomado contacto con el sindicalismo revolucionario, un movimiento izquierdista radical que soñaba con instaurar la dictadura del proletariado, basándose en la organización sindical de la sociedad. En 1907 habían roto con el Partido Socialista por considerarlo templado, y cinco años más tarde asomaron de nuevo la cabeza para organizar la Unión Sindical Italiana (USI), una especie de coordinadora destinada a difundir el sindicalismo revolucionario en las masas y convertirse, sobre el papel, en el germen de un futuro gobierno proletario que eliminaría los partidos políticos, incluido el socialista. En la práctica, la USI no llegó a obtener una influencia verdaderamente destacada en la sociedad italiana, de manera que no resultaría procedente hacer mención de ella, de no ser por la división que se produjo en su seno a raíz de la entrada de Italia en la guerra. La cuestión militar fue debatida internamente y ante el fracaso de las posturas intervencionistas, el sector nacionalista más intransigente abandonó la organización, condenando a la USI a convertirse en una mera curiosidad política. Los escindidos continuaron predicando sin profeta hasta que a la vuelta del servicio de armas, prematura debido a que en el año 1917 fue gravemente herido de mortero en unas prácticas de retaguardia, Mussolini se convierte en su principal propagandista y su líder de facto, e *Il Poppolo d'Italia* en su órgano de expresión. La publicación se convirtió así en el portavoz de una heterogénea serie de expulsados y escindidos políticos minoritarios a quienes les unía una común sensibilidad hacia el nacionalismo exaltado y la revolución social, tales como los propios escindidos de la USI, reunidos ahora en la Unión Italiana del Trabajo (UIL, debido a sus siglas en italiano, Unione Italiana del Laboro) o los antiguos miembros del Partido Socialista que abandonaron su militancia para seguir a Mussolini, entre otros. Comenzaba a dibujarse una facción política nueva que realizó una serie de ensayos organizativos sin resultado hasta que el 23 de marzo de 1919 parió a los Fascios Italianos de Combate. La peculiar denominación —*fascios*— supone un guiño a las uniones de obreros y campesinos que desde el siglo XIX se habían organizado en agrupaciones homónimas para revindicar demandas sociales de muy distinta condición. Un nombre, por otra parte, que recuerda, y ese es precisamente su origen, a los líctores romanos.

El programa inaugural de los Fascios Italianos de Combate aúna un rabioso nacionalismo con demandas de corte social, tales como el salario mínimo, la jornada laboral de ocho horas, el voto femenino, la participación de los trabajadores en la gestión de la industria, el retiro a los cincuenta y cinco años, la nacionalización de las fábricas de armas y municiones, confiscación de los bienes de las congregaciones religiosas y abolición de las rentas episcopales. Un programa ciertamente audaz para la época que, sin embargo, fue eclipsado por su sorprendente alegato en favor de la violencia regeneradora y los elocuentes histerismos nacionalistas que el fin de la Primera Guerra Mundial y sus resultados provocaron en los representantes de esta corriente política. Mussolini quería algo completamente nuevo, un antipartido; y creía haberlo logrado en los Fascios. Anunció que lo que a partir de entonces se ponía en marcha era una organización con aspiración de masas, que debía mostrarse fuerte y directa, que hablaría con los puños y las palabras. Los Fascios no se amilanarían a la hora de plantar cara al oponente, haciendo uso decidido de una violencia política que exteriorizaban en la estética, la escenografía, los lemas y los discursos, y de la que decían sentirse profundamente orgullosos. Querían romper con todo lo establecido; con el parlamentarismo burgués y con el marxismo disgregador; con el pacifismo, con los buenos deseos y con la hipocresía de la buena educación. Glorificaban la guerra como redentora: que el mundo ardiera por los cuatro costados para que después, sobre sus cenizas, surgiera una nueva era en la que la grandeza nacional, la justicia social y la falta de escrúpulos se convirtieran en el único norte. Semejante exposición de intenciones recibió un importante número de adhesiones de las cabezas pensantes más populares de Italia, como el escritor Giovanni Papini, el Premio Nobel Luigi Pirandello, el polifacético intelectual Curzio Malaparte, el escritor Giuseppe Prezzolini, el futurista Filippo Marinetti o el esperpéntico poeta y aviador Gabriele d´Annunzio, de quien tendremos oportunidad de hablar con cierto detenimiento en un apartado posterior.

La nueva formación política, aupada por la elocuencia de Mussolini y arropada por el apoyo de un importante número de intelectuales, se lanzó con el afán del principiante a la arena política con una campaña feroz contra el gobierno por haber consentido que Italia saliera de la guerra con menor rédito que el prometido. Si bien Italia engrandeció sus fronteras con la anexión del Trentino y el Alto Adagio, —incorporando de paso una franja de habla germánica al norte, en Bolzano y sus alrededores—, sus aspiraciones turcas, albanesas y africanas no entraron en el paquete, y tampoco Fiume, una ciudad irredenta separada de Italia por el mar adriático y rodeada por territorio de un estado de nuevo cuño: Yugoslavia. Los nacionalistas de todo pelaje, incluidos por supuesto los Fascios de Combate, que de alguna forma se tenían que estrenar, pusieron el grito en el cielo por aquello que denominaron *victoria mutilada* y que no dudaron en calificar como una burla hacia Italia por parte de las demás potencias vencedoras. Al mismo tiempo el Partido Socialista, recientemente adherido a la Tercera Internacional (1919) y con la consigna de forzar una revolución en Italia, aumentó formidablemente su presencia debido al desbordamiento del descontento popular campesino y obrero, principal damnificado de las fatales consecuencias que el esfuerzo de la guerra había provocado y que ahora había que pagar. Las clases dirigentes se quedaban horrorizadas cada vez que arreciaba una de tantas oleadas huelguísticas que ya se iban haciendo cotidianas y que arrastraban a la nación a una conflictividad general que no podían permitir. Ante semejante situación, la burguesía no tuvo más remedio que echarse a los brazos del único movimiento que les aseguraba el enfrentamiento abierto contra el comunismo y que podía encargarse de lo que la policía, legalmente, no podía hacer. Frente a la *amenaza roja* no cabían medias tintas, de manera que las autoridades miraban a otro lado para hacer como que no se apercibían de los excesos de los fascistas cuando estos empezaron a amenazar, asaltar o incluso asesinar a militantes socialistas. De este modo, Italia se convirtió en un auténtico campo de batalla que degeneró en dos consecuencias trascendentales: en primer lugar, la burguesía liberal se asustó de tal manera que comenzó a apoyar económicamente al Fascio, lo que repercutió en un importante crecimiento del movimiento, tanto a nivel de militancia y presencia en las calles como de medios y facilidades que se pusieron a su alcance. En segundo lugar, a medida que el fascismo se expandía por la península, fue nutriéndose de militantes que, si bien coincidían con la extracción social media-baja que buscaba, se encontraban muy lejos de las posiciones izquierdistas del primer fascismo. La guerra contra el socialismo atrajo a las filas de Mussolini a un gran número de derechistas que compartían el nacionalismo y el antimarxismo, pero nada más. Seducidos por el elogio

Vladimir Illich Ulianov (Lenin) líder de los bolcheviques rusos y máximo mandatario soviético hasta su muerte en 1924, saludó con entusiasmo el triunfo de la tendencia acaudillada por Mussolini dentro del Partido Socialista de Italia sobre el sector reformista.

de la violencia de que hacían gala los fascistas y la impunidad con la que actuaban, su base social se transformó en el antónimo de todo lo que sonara a izquierda. Esto provocó una moderación en el discurso de sus líderes en el sentido de un cierto distanciamiento del radicalismo de izquierdas original, y desembocó en la deserción de buen número de fascistas de primera hora, que se sentían traicionados por la cúpula. Marinetti fue una de las más destacadas defecciones. De esta manera, según iba creciendo el número de afiliados y escuadristas, más giraba hacia la derecha el discurso de Mussolini y mayor rédito electoral obtenía, siendo las elecciones de 1919 un completo batacazo y las de 1921 un éxito sin precedentes que llevará a una treintena de diputados fascistas a ocupar sendos escaños en el parlamento. Para entonces, Mussolini ya había reorganizado el movimiento en un partido coherente, con estructuras fijas y secciones sindicales (Unión Obrera del Trabajo, ya existente antes del propio partido), estudiantiles, femeninas y de escuadristas. Los escuadristas del Partido Nacional Fascista (PNF) eran grupos locales dirigidos por un *ras* o cabeza dirigente que se encargaban de cometer las vilezas por las que tan famoso se haría el Partido, unos hechos execrables que Mussolini alentaba en sus renovados discursos girados a la derecha que quiso justificar amparado en un supuesto voluntarismo y en la idea de la doctrina en constante evolución. De esta manera, podían actuar como si fueran de izquierdas o de derechas, no importaba, porque su objetivo era la nación, habían creado un partido patriótico por encima de todo, y había que eliminar a quienes se mostraran tibios o internacionalistas.

Don Quijote desembarca en Fiume

El Partido Nacional Fascista se basó en los ritos, ceremoniales y simbología que Gabriele d´Annunzio instaló en el Estado Libre de Fiume durante los dieciséis meses que duró su atípica experiencia gubernamental. Es un hecho comúnmente aceptado que fue precursora de lo que poco después iba a ser la dictadura de Mussolini, no solamente en cuanto a estética, sino también en lo que se refiere a ideario y actitudes.

Fiume es la denominación italiana de una ciudad situada en la costa dálmata hoy conocida como Rijeka. Si bien, actualmente, la población de origen croata es netamente mayoritaria —casi podríamos decir que única—, históricamente había estado poblada por una mayoría italiana cuyo origen se remonta a la medievalidad mercantil de las ciudades estado. Durante los años de entreguerras, Fiume se convirtió en la manzana de la discordia que agrió las relaciones entre Italia, Yugoslavia y las potencias de la entente. Como sabemos, el nacionalismo italiano se sintió afrentado con los acuerdos de Versalles, que sancionaban un *status quo* que reducía a Italia a una potencia de segunda fila, a pesar de haber sido uno de los vencedores. El no reconocimiento de la esfera de influencia mediterránea que los italianos creían legítimamente suya, arrastró a los sectores más rabiosamente nacionalistas a una campaña de descrédito del gobierno a base de protestas y algaradas callejeras que en seguida olvidaron las reivindicaciones albanesas o africanas para centrarse en la ciudad de Fiume. Consideraban una afrenta la desocupación de Albania, pero lo de Fiume era completamente inaceptable, ya que se trataba de un territorio poblado por italianos, y por tanto italiano, que corría el riesgo de pasar a manos yugoslavas mientras las potencias vencedoras decidían qué hacer con la pequeña ciudad. La impotencia del gobierno italiano y aquella terrible lentitud de los aliados en dar una salida al asunto, difundieron por toda la península la sospecha de que Fiume terminaría siendo cedida al recién creado reino de Yugoslavia. Hasta que no existiera una resolución que diera fin a la disputa, el pequeño enclave costero seguiría inmerso en una especie de limbo jurisdiccional y ocupado por las tropas de la entente, una carga que los ciudadanos soportaban con sus buenas dosis de estoicismo. La espera se hizo terrible, llegando a exasperar los ánimos de fiumianos e italianos. Espontáneamente surgieron los clásicos conatos de violencia que presagian problemas. Del mismo modo, un importante número de mandos pertenecientes a las tropas de ocupación italianas —también las había francesas, británicas y americanas— planearon varias intentonas golpistas con el ánimo de forzar la incorporación de Fiume a Italia. Según pasaban los meses, la situación se enconó hasta hacerse comprometida, amenazando con convertirse en un conflicto que, por sus ramificaciones yugoslavas, podría generar una conflagración de relieve en el mediterráneo central. Pero hete aquí el enviado de las musas para resolver el problema a favor de los intereses de Italia. ¿Era un abogado, un juez, un político de alto rango, algún militar? No, no, no. Nada de eso. Era un poeta. Era Gabriele d´Annunzio. El hombre que durante la Primera Guerra Mundial tuvo el valor o la inconsciencia de volar hasta la capital enemiga para arrasarla con panfletos y no con bombas, el hombre que rechazó una carta dirigida al mejor poeta de Italia porque él era el mejor del mundo, el que declaró a la música como el principio inspirador del estado, el que permitiría que uno de sus lugartenientes fiumianos lanzara un orinal al edificio del Parlamento montado en un avión. Aquel era quien se perfilaba como el redentor de Fiume y, por extensión, de Italia entera.

Además de por su talento literario, Gabriele d´Annunzio se había destacado por sus efectistas arengas nacionalistas de modulación épica y estética lírica que enardecían y por qué no, también debían de divertir mucho a su auditorio. Tras la *Victoria Mutilada* protagonizó una gran campaña a favor de la incorporación de Fiume patrocinado por los sectores nacionalistas de todas las tendencias, desde la derecha irredentista hasta el sindicalismo revolucionario. D´Annunzio garantizaba al nacionalismo prestigio y público, por lo que le fue muy fácil obtener el apoyo necesario para realizar una gira italiana en la que, por cierto, apoyó sin atisbo de sonrojo a las fracasadas intentonas militares para tomar el poder en la municipalidad fiumiana. De hecho, siempre estuvo muy en contacto con los irredentistas del enclave, incluyendo las tropas italianas de ocupación.

¡Fiume o muerte! Fue el grito de guerra que estalló en las gargantas de un nutrido grupo de militares y tropas de *arditi* que se levantaron en Ronchi a las órdenes de un alucinante poeta metido a conquistador. Aclamados por una multitud enfervorizada, las tropas d´annunzistas tomaron rumbo al enclave en disputa con la intención de tomarlo, costara lo que costara. A medida que avanzaban iban engrosando sus filas con voluntarios dispuestos a acompañarlos en su aventura, de manera que el ejército del poeta-militar fue en aumento hasta la llegada al puerto, donde embarcaron. La expedición fue digna de un esperpento o de una epopeya marcial: cientos de hombres en formación cantando marchas populares y un hombre, quizá loco, fantasioso o genial, pero indudablemente extraordinario, arengando a la población de las aldeas por las que pasaban con aquel estilo ampuloso que le caracterizaba. El 12 de septiembre de 1919 desembarcaron en Fiume, lo que degeneró en un grave problema internacional y puso en aprietos al gobierno transalpino, que se

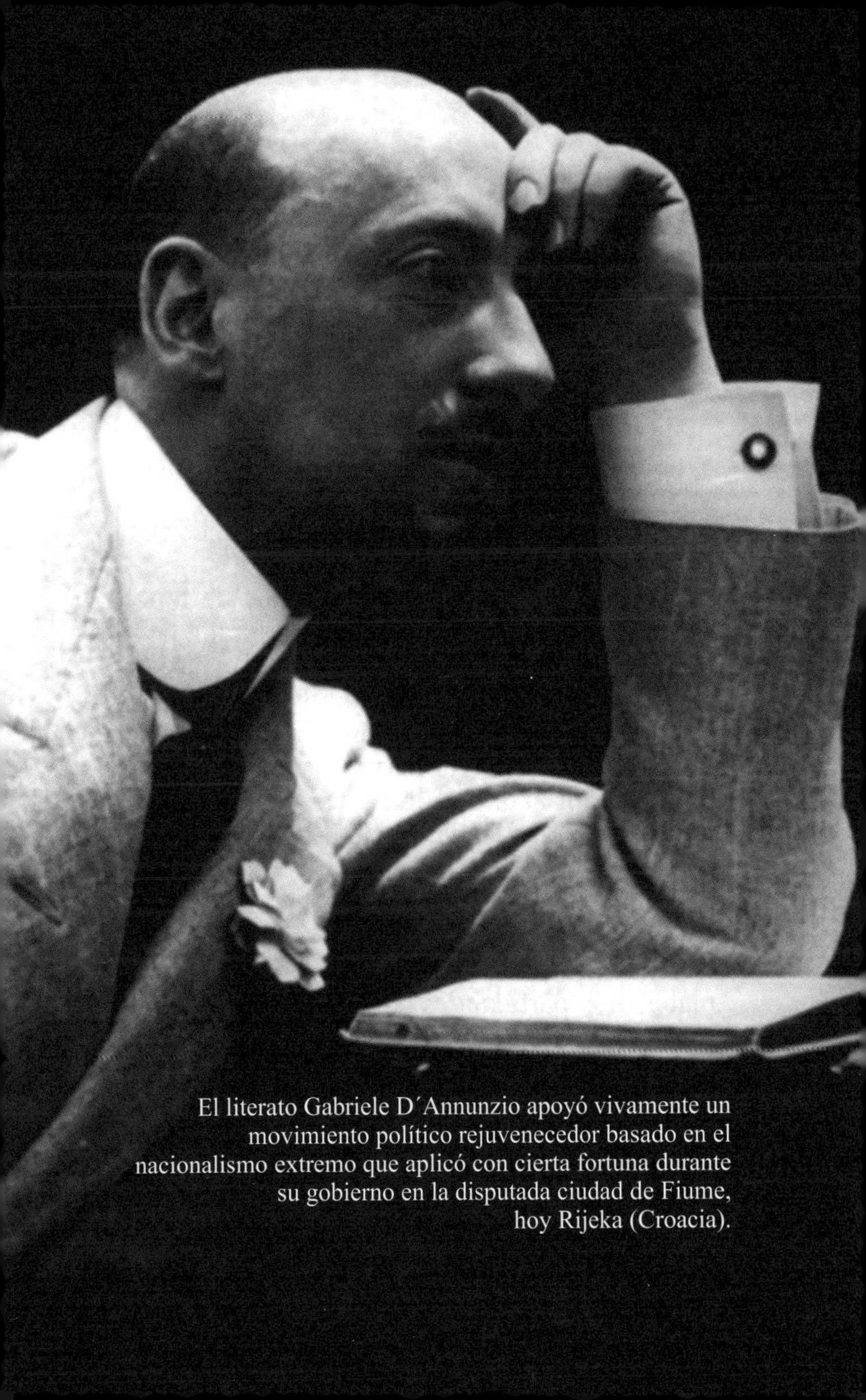

El literato Gabriele D´Annunzio apoyó vivamente un movimiento político rejuvenecedor basado en el nacionalismo extremo que aplicó con cierta fortuna durante su gobierno en la disputada ciudad de Fiume, hoy Rijeka (Croacia).

apresuró a condenar la acción. Inmediatamente los italianos de Fiume salieron a las calles para aclamar a su salvador y las potencias de la entente, contra todo pronóstico, evacuaron el enclave. La crisis se resolvió de manera incruenta y los soldados d´annuzistas entraron como triunfadores cantando la *Giovinezza* entre muestras de júbilo por parte de la población local. Al llegar al ayuntamiento, d´Annunzio izó la bandera tricolor y, mediante un discurso que marcará estilo, exigió a la comunidad internacional la incorporación a Italia.

Mussolini y los suyos, además de mucha gente de rango en la intelectualidad italiana, saludaron con efusión la aventura. No hay que olvidar que d´Annuzio era un poeta consagrado de reconocido prestigio y que, por entonces, ya había escrito la mayor parte de su prolífica obra literaria, por la que recibiría varios premios y la inclusión en la Academia de la Lengua Italiana en el año 1937.

Como era de esperar, la especial forma de ser del que fue denominado *el Comandante* instaló, desde el primer momento, una serie de ceremoniales muy particulares basados en la Roma clásica, la Italia renacentista y la modernidad simbólico-futurista, y sazonados con su particular visión del mundo y de la historia. Organizó un complicado calendario ceremonial de alto tono patriótico que destacaba la fuerza, la decisión y la juventud como valores supremos de la nueva era que creía intuir a nivel mundial y cuya primera piedra habría de ser precisamente Fiume, y los discursos interactivos desde el balcón del ayuntamiento, en los que el auditorio respondía a sus preguntas desde la plaza, se convirtieron en una constante. Saturó la ciudad con festividades repletas de canciones y desfiles con banderas a fin de conseguir la máxima participación posible de la ciudadanía, e introdujo el uniforme negro de los *arditi*, su estandarte con la calavera y el saludo a la romana en el día a día de los sorprendidos fiumianos; distintivos que Mussolini introduciría en su movimiento y en su futuro gobierno en homenaje a la aventura del poeta, en un intento de hacer de toda Italia un gran Fiume.

A pesar de las buenas palabras de gran parte de la intelectualidad y la clase política nacionalista, el Parlamento aprobó el bloqueo económico propuesto por las potencias aliadas. De esta manera, Fiume se convirtió en un municipio cercado que, como es de suponer, sufrió importantes carencias económicas que su atípico gobernante pretendió cubrir con música, poesía y *talento*.

El gobierno del Comandante se sabía provisional, de manera que se dedicó a *educar* y organizar a la población más que a administrarla. Al fin y al cabo el Comandante había conquistado la ciudad para forzar la incorporación a Italia, no para gobernarla, de manera que esperaría los resultados de las conversaciones. La espera se saldó con un principio de acuerdo ratificado por la ciudadanía que no satisfizo a nuestro pequeño dictador, de manera que abandonó, momentáneamente, el irredentismo para dedicarse a la magna obra de construir desde los cimientos una estructura estatal que transformase a Fiume en una cuidad-estado en la que habrían de ponerse en práctica sus sueños de una nueva humanidad; un estado nuevo del que él fue el completo inspirador y dictador y donde, por debajo del verso y la canción, la disidencia fue severamente reprimida. No hubo compasión para quien pretendiera destruir aquella obra suprema, la creación de un ciudadano culto que sería educado bajo la advocación de las musas, diez, y no nueve: la décima era la musa de la energía, descubierta súbitamente por el rocambolesco gobernante en un viaje que hizo a Grecia. Para ello necesitaba una constitución que la posteridad recuerda como la Carta del Carnaro, un completo despropósito redactado por él mismo con la colaboración de uno de los principales representantes del sindicalismo revolucionario italiano y seguidor ferviente de Benito Mussolini, Alceste de Ambris. Entre los dos redactaron un articulado poco riguroso que arrinconó deliberadamente el gris lenguaje de los leguleyos a favor de una colorida fiesta literaria que incluyó, muchos años antes de mayo del 68, aquello de *la imaginación al poder.* La Carta, repleta de lagunas, errores e incongruencias, parecía una broma que pretendieron justificar advirtiendo expresamente que era una obra inacabada, en constante evolución. Muy al contrario que las aburridas constituciones corrientes, a las que tachaban de herméticas, estáticas y rígidas, la de Fiume era una obra destinada voluntariamente a no ser nunca terminada. Lo que quiere decir que era una auténtica chapuza y que, es de suponer que para cubrir sus lagunas se tomarían muchas decisiones de manera arbitraria, escondiendo pues, detrás de tan magnífica prosa, una dictadura poética y cruel. La declaración preliminar se olvidaba completamente de los derechos individuales del ciudadano para ensalzar los de la nación, ente supremo al individuo y ante el que, supuestamente, este ha de postrarse. Los argumentos de *doctrina sin terminar* y *preeminencia de los derechos de la nación sobre los del individuo* son dos características definitorias de lo que será el fascismo.

El articulado se oculta debajo de una redacción ampulosa que debería ser juzgada más como obra literaria que como corpus jurídico. Aún así, pueden entresacarse una serie de características que definen su espíritu como ciertamente nacionalista, irredentista, con una importante dosis de progresismo girado hacia la izquierda y una añoranza por la Italia clásica y renacentista. La sociedad al completo quedó estructurada bajo un sistema corporativista que divide a los ciudadanos en diez gremios, cada uno de ellos inspirado por su musa particular, a quien debían respeto y de quien celebraban sus festividades en sintonía con la tradición de la antigüedad clásica. La décima corporación era la de los hombres superiores (poetas, artistas, etc), que eran quienes tenían más alto grado en la ciudad y a quienes correspondía el deber de gobernar. Al mismo tiempo, la constitución d´annuziana mostraba un atrayente progresismo en lo que se refiere a la igualdad entre sexos, la educación gratuita, y las pensiones y ayudas sociales en general. Toda decisión gubernamental podía debatirse libremente, y alzarse al Comandante como propuesta; claro que este lo tomaría en cuenta o no según su parecer, de manera que a efectos prácticos, Fiume era una dictadura.

Una de las ocurrencias más llamativas del gobernante-poeta fue la organización de la Liga de Fiume, una especie de ONU de las naciones oprimidas donde tenían cabida tanto las nacionalidades sin estado como las oprimidas por las potencias imperialistas. Para ello llamó a su lado a León Kochnitzky, un poeta belga a quien le encargó que se pusiera en contacto con todos estos pueblos para emplazarlos a acudir a la conferencia de Fiume en abril de 1920. La convocatoria, lanzada desde Irlanda a India pasando por los Balcanes tuvo algunas respuestas afirmativas que finalmente no pudieron llevarse a efecto debido a que la penuria económica provocada por el bloqueo hizo imposible la realización del proyecto.

Sin embargo, la silenciada oposición, la escasez y el deseo de las grandes potencias de eliminar aquella anomalía política condenaron al régimen de los poetas. En noviembre de 1920 se firmó el Tratado de Rapallo entre Italia y Yugoslavia, por el que se reconocía a Fiume como cuidad libre adscrita a Italia. El nacionalismo italiano, los habitantes del enclave y los propios d´annuzistas se dieron por satisfechos, dando por saldado el conflicto, a excepción de su dictador, a quien parece que ya no le hacía tanta gracia dejar el poder. D´Annunzio rechazó airado el acuerdo sin advertir que el suelo no estaba tan firme bajo sus pies. El ejército italiano que rodeaba la ciudad envió un comunicado al gobernante-poeta exigiendo una rendición pacífica, en cumplimiento del acuerdo ítalo-yugoslavo de Rapallo, a lo que este replicó con una declaración de guerra. No tuvieron más remedio que entrar a la fuerza, y tras un breve cruce de disparos, la ciudad capituló.

La primera experiencia fascista o prefascista del mundo había llegado a su fin de una manera tan insólita como se inició.

La ecuación fascista

Socialismo mas nacionalismo, igual a fascismo. Esta es la ecuación a la que llegaron los sindicalistas revolucionarios como su particular punto de no retorno. Es la clave, el punto de partida. A partir de su formulación dejaron de ser socialistas para convertirse en otra cosa, en algo que derivará en lo que tradicionalmente hemos considerado fascismo. Semejante definición, claro está, tendrá un ejército de indignados detractores: hoy en día a uno se le ocurren muchos ejemplos de movimientos que fusionan socialismo y nacionalismo y no por ello son fascistas. Sin embargo la Historia es obstinada, y no es casual que el nacionalsocialismo o el nacionalsindicalismo se llamen precisamente así.

No es posible definir al fascismo como un movimiento socialista. No lo es. Aunque llegado el caso podría serlo, y de hecho existen y han existido movimientos fascistas con un claro componente social e incluso comunista. La diferencia estriba en que, al contrario que el marxismo, realizan una lectura nacionalista de manera que sustituyen la lucha de clases —elemento de disgregación nacional— por la nación como aglutinante de la sociedad. En este sentido, resulta muy importante saber diferenciar los planteamientos puramente fascistas de los argüidos por la derecha autoritaria radical, antisistema los primeros y conservadores los segundos.

El término fascismo es uno de los más manidos y gastados de toda la terminología política popular. Hemos llegado a unos niveles de uso de la palabra que ya no sabemos realmente qué es y qué no es fascismo. Aún así, podría decirse que popularmente el fascismo es entendido como todo movimiento político derechista tendente a organizar una dictadura represiva. Bien, pues no es correcto. Esta sería una estupenda definición para las vetustas tendencias de la derecha radical autoritaria, pero no para el fascismo, que surge como novedad completa en la Europa de entreguerras y supone una ruptura con todo lo anterior. El fascismo es una corriente revolucionaria totalitaria que tiende a subvertir el orden establecido en aras a una organización jerárquica de la sociedad; es un antihumanismo, de manera que aborrece las ideas de igualdad entre los hombres y derechos del individuo por la colectividad nacional. Por tanto, una dictadura militar conservadora, con todo su maremágnum de tradicionalismo y clericalismo no podrá ser nunca un fascismo. Uno es un modelo antiguo y el otro es una revolución antihumanista.

Atendiendo a esta circunstancia, no debería sorprendernos demasiado comprobar que la gran corriente que derivó en lo que ha sido denominado como fascismo genérico surgió de las entrañas de uno de los sectores de la izquierda europea más radicalmente partidarios de la revolución social y la dictadura del proletariado. Una corriente que ya se estaba gestando cuando nació Mussolini y que fue magníficamente perfilada por Georges Sorel cuando exigió la construcción de un socialismo capaz de derrocar al capitalismo de la noche a la mañana, un socialismo violento y nacional, sin remilgos, para lo cual habría de renunciar al mito[1] de la lucha de clases y optar por el mito nacional, el que llega a los corazones, el que reclama deberes para con la patria o el pueblo, el que está exento de excusas o

[1] Sorel popularizó la expresión mito para definir al elemento capaz de unir a las masas en pos de un objetivo común.

explicaciones. La nación como mito revolucionario capaz de movilizar a las masas al tiempo que elemento de unión social y por ello antidisgregador, al contrario que la lucha de clases, que la divide en clases antagónicas y enfrentadas. El fascismo se caracteriza así por haber sido el movimiento resultante del experimento político que llevó a la fusión entre revolución y nacionalismo, cuyo resultado fue la sustitución de la lucha de clases por la nación —o nacionalismo— como elemento de movilización revolucionaria de las masas. En palabras de Mussolini: "Hemos creado nuestro mito. El mito es una fe, es pasión. No es necesario que vaya a ser una realidad. Es una realidad por el hecho de que es un estímulo, una esperanza, una fe; de que es coraje. ¡Nuestro mito es la nación, nuestro mito es la grandeza de la nación!"[2].

La novedad, la idea crucial que surge por primera vez, convertida en idea general y de masas con influencia revolucionaria social verdadera es, por tanto, la idea de que el nacionalismo es, con su carga de mitos e irracionalidad, el auténtico integrador de la sociedad en un todo poderoso. Y además, el único método real de unir a la clase trabajadora contra el capital. Payne recuerda, al hilo de todo esto, que "el fascismo se creó mediante la nacionalización de determinados sectores de la izquierda revolucionaria, y quienes desempeñan el papel central en su orientación fueron sindicalistas revolucionarios que abrazaron el nacionalismo extremista"[3].

El pariente alemán

La ecuación fascista fue un fenómeno europeo que se dio en un lugar y un tiempo determinados. Como sabemos, la resultante de la suma entre nacionalismo y socialismo no es necesariamente el fascismo, pero en aquellas circunstancias así ocurrió. Italia fue el primer país del mundo que desarrolló una estructura política *socialnacionalista* con capacidad de influencia en las masas, pero eso no quiere decir que en el resto del continente europeo no existieran organizaciones del mismo corte, aún grupusculares, que tomaron un gran impulso a la sombra de la progresión fascista. Debido a la influencia de autores

---

2 Macridis, Roy y Hulliung, Markl. *Las ideologías políticas contemporáneas. Regímenes y movimientos*. Madrid: Alianza. Madrid, 1996, p. 184.

3 Payne, Stanley G. *El fascismo*. Barcelona: Altaya, 1996, p.50. Payne se refiere en esta definición al fascismo italiano, no a la corriente política genérica. De hecho, diez páginas más tarde afirmará que "(el nacionalsocialismo) no entrañaba ningún tipo de herejía marxista" (p. 60). Dato cierto en el sentido de que el nacionalsocialismo surge de medios mucho más conservadores que el fascismo italiano, aunque también se ve ampliamente influenciado por las reivindicaciones planteadas por la izquierda clásica. De hecho, muchas páginas más adelante, escribirá que "algunos de los nazis más radicales rechazaban al régimen de Mussolini por otros motivos, especialmente por ser demasiado conservador o supuestamente capitalista, aversiones que compartían en diversos grados y medidas Gregor Strasser, Goebbels y Himmler" (p. 196). Esta será una crítica al régimen mussoliniano que se repetirá con frecuencia entre los nacionalsindicalistas españoles, franceses y de otros países.

franceses como Sorel y Maurras, se ha considerado que fue Francia el laboratorio donde se originó la transformación del sindicalismo revolucionario. Sin embargo, Francia no va a experimentar nada parecido hasta bien entrados los años veinte del siglo, después de la Marcha sobre Roma. El único movimiento similar destacable en la línea de la fusión fascista es Le Faisceau, una agrupación terriblemente minoritaria fundada por un excéntrico caballero, Georges Valois, que hasta entonces había sido el alma de otra minúscula facción política que pretendió aunar el nacionalismo con el anarquismo. La gran mayoría de los grupos nacionalistas de aquella Europa responden mejor al esquema de derecha radical que al propio de fascismo y no tienen interés de cara al tema que nos ocupa. No obstante, resulta inexcusable no mencionar en este punto al nacionalsocialismo alemán, el segundo movimiento fascista que llegó al poder y en definitiva el más popularmente conocido debido a las dimensiones de su devastación.

Al igual que en el resto de Europa, en la Alemania de los años diez y veinte floreció una variopinta sucesión de grupos *socialnacionalistas* muy minoritarios que, excepto el DAP, no pasaron de un nivel embrionario de desarrollo. Uno de ellos fue el Alt Sozialdemocratische Partei (ASP), un partido sajón que nació como consecuencia de una escisión del Partido Socialdemócrata (SPD). El ASP consideraba prioritario que la revolución proletaria tuviera un marcado tinte nacionalista, un argumento que limó diferencias con los grupos de la derecha, quienes aceptaron de buen grado la *patriotización* de la izquierda radical. El ASP se unió así al nacionalismo conservador en su nerviosa denuncia del Tratado de Versalles, la reivindicación de una política exterior fuerte y una radical censura a los devaneos internacionalistas del Partido Socialdemócrata alemán, uno de los más influyentes del mundo. La aventura política del ASP no tuvo éxito y su descalabro electoral supuso el fin de aquella experiencia protofascista. Igualmente, la sección hamburguesa del KAPD, una escisión del Partido Comunista (KPD) originada por elementos expulsados en 1919 por disidencias con respecto a la línea oficial, preconizaba la lucha proletaria combinada a una visión nacionalista de las relaciones internacionales. Pero el partido que iba a triunfar, a convertirse en el embrión del nacionalsocialismo no era ninguno de estos, sino una pequeña agrupación fundada en Munich en 1919, el Partido Obrero Alemán (DAP). Además de un obrerismo de tono parecido, el DAP presentaba un nacionalismo más acorde con la tradición biologista conservadora alemana. Al contrario que el italiano, que se fundamenta en lengua y cultura, el nacionalismo conservador alemán hunde sus raíces en la sangre; es biologista. El latino proviene de una tradición liberal, es culturalista. Existen por tanto, entre ambas corrientes del fascismo, diferencias sustanciales derivadas de sus respectivas tradiciones nacionalistas. El nacionalismo conservador alemán del que se va a nutrir su particular experimento fascista idealiza la Germania superior ocupada solamente por los miembros del Volk (pueblo). Sin embargo, para esta versión del nacionalismo, el pueblo no se compone de personas que poseen la ciudadanía alemana, ni de los que hablan alemán, ni de los que han nacido y han vivido toda la vida en Frankfurt. Son los racialmente puros, los arios, quienes pertenecen a la comunidad nacional. Hayan nacido donde fuera y hablen la lengua que sea. Nadie más. La nación es más una raza que una nación en puridad. Esta es una de las razones que convertían al minoritario biologismo germano en un peligro potencial en caso de que lograra algún día, como así ocurrió, tomar cuerpo en una organización de masas viable.

Desde muy antiguo se había desarrollado en Alemania y Austria un indeterminado número de sociedades semisecretas de marcada tendencia ocultista que conservaron y predicaron estas ideas, reverdeciendo supuestos ritos arios cuajados de antijudaísmo y pangermanismo. Uno de estos grupos fue la Sociedad de Thule, una oscura organización cuyas doctrinas tuvieron una importante influencia en el ideario del DAP que combinaba el biologismo con reivindicaciones socializantes como la nacionalización de las grandes empresas, diferentes mejoras para los trabajadores y un rechazo frontal al gran capital. Según estos individuos, era en el pueblo llano donde había que buscar a la raza aria pura, no en las grandes fortunas empresariales, infectadas por una práctica judía innoble que rechazaban completamente.

El partido funcionó casi como una especie de pequeña agrupación de debates hasta que un desconocido de origen austriaco mostró interés en militar en él, después de haber acudido a una de sus reuniones. A partir de entonces, Adolf Hitler se convirtió en un habitual y pronto en su orador más preciado (los apasionados discursos de Hitler llegaron a hacerse tan famosos que el partido decidió cobrar entrada). Aquel inesperado altavoz logró sacar al partido de su insignificancia, llegar a la clase obrera y ganarse las simpatías de los veteranos de la Primera Guerra Mundial. Hitler proclamaba a los cuatro vientos el orgullo de ser alemán, aireaba un racismo brutal principalmente canalizado en forma de antijudaísmo y proclamación de la desigualdad biológica de las razas humanas, y se desgañitaba la voz, gesticulante y con los ojos casi fuera de las cuencas, cuando recordaba la humillación nacional del Tratado de Versalles. Todo ello combinado con una serie de reivindicaciones sociales de cierto calado, tales como la nacionalización de las grandes empresas, la supresión del trabajo infantil, educación universal y gratuita, un amplio régimen de pensiones… Aquel, sin embargo, iba a ser un socialismo solo para los nacionales, incluyendo aquí a los miembros de la raza, no a los nacionales *extraños*, como serían los judíos.

La repulsa al Tratado de Versalles fue una causa común de todos los grupos nacionalistas de Alemania, que veían con simpatía a la pequeña agrupación muniquesa y se hallaban dispuestas a apoyarla económicamente a cambio de una garantía contra el marxismo similar a la que estaba dando el fascismo italiano. Esto obligó a Hitler, que ya era uno de los más conocidos miembros del DAP, a bajar el tono de sus reivindicaciones obreristas y comenzar a plantearse la formación de un brazo paramilitar, una opción que no pareció descabellada en aquella Alemania violenta en la que tanto la recién nacida Unión Soviética como el propio capitalismo alemán creían que iba a desarrollarse en breve el segundo capítulo de la revolución mundial.

La situación de Alemania no era precisamente envidiable. El Tratado de Versalles impuso unas condiciones draconianas. Además de la inflación y las terribles deudas de guerra, a Alemania se le consideró nación culpable, y tuvo que soportar la ocupación territorial del Sarre y su usufructo por las naciones aliadas. También se vio obligada a restituir Alsacia y Lorena a Francia y gran parte de Prusia fue anexionada a Polonia, perdiendo cerca de un tercio de territorio y población. El ejército alemán quedó reducido a cien mil hombres.

Las condiciones de la paz, unidas a unas circunstancias de crisis general, desembocaron en una inestabilidad creciente que generó una serie de levantamientos obreros que derrocaron al gobierno liberal abriendo paso a la socialdemocracia. Las insurrecciones de Baviera (régimen de los consejos obreros, 1918-19) y de los espartaquistas

Las teorías de la Sociedad de Thule influyeron decisivamente en el desarrollo de un partido de nacionalismo extremo con un componente irrenunciablemente racista como fue el NSDAP.

en Berlín (1919) desestabilizaron al ejecutivo, que sofocó como pudo los conatos revolucionarios y capeó, también lo mejor que pudo, las deudas de ciencia-ficción que los aliados y en especial Francia habían calculado que Alemania debía de pagar. Semejante situación no hacía más que reforzar la polarización política alemana entre la izquierda y la derecha; una situación que Hitler aprovechó para mostrarse ante los conservadores como el campeón de la lucha antimarxista.

En 1920 Hitler ya era la cara más conocida del partido. Ostentaba el cargo de jefe de propaganda y era el principal portavoz del DAP. Aquel mismo año sus deseos de cambiar de nombre al partido toman cuerpo con la nueva denominación, instigada por el propio Hitler: Partido Nacional Socialista Obrero Alemán (NSDAP). A *Obrero* y *Alemán* incluye Hitler los términos de *Nacional* y *Socialista*, en concordancia con la cosmovisión fascista que tiene el partido. En 1921 se convierte en el jefe indiscutible. Adopta la esvástica, un símbolo solar sospechosamente coincidente con el logotipo de la sociedad de Thule, y se crean las *Sturmabteilumg* o *Grupos de Asalto* (SA). Al igual que los escuadristas de Mussolini, con sus Camisas Negras de imitación *arditi*, crean su propia milicia de partido. Un partido con brazo armado encargado de violentar y armar bronca al más puro estilo italiano, aunque en el caso alemán serán más eficaces y disciplinados.

2

El fascismo triunfante

ÓRDAGO A MAYOR

Llovía a cántaros. Pero ahí estaban, con su vistosa camisa negra, soportando las inclemencias de finales del octubre napolitano, que ya anuncia noviembre. Empapados, a la espera de una palabra de Mussolini para abalanzarse en masa sobre Roma. *Llueve en Nápoles, en Roma brilla el sol*, dijo al fin. Aquella frase mágica despertó súbitamente la mañana y cien mil camisas negras se pusieron en marcha a la búsqueda de ese futuro soleado que les esperaba en la capital. Ese fue el punto de partida, la bandera de inicio de una jugada que no tenía marcha atrás. Tiempo más tarde uno de sus más estrechos colaboradores dijo que el Duce dudó, que tenía razones para sentirse temeroso, pero que al final se armó de valor y dio la orden. No era para menos. Lo que Benito Mussolini había puesto en marcha aquella lluviosa mañana de 1922 era un golpe de fuerza, un reto directo al mismísimo gobierno por la vía de la intimidación y el ultimátum, concentrando a miles de camisas negras en Roma para obligar al gabinete Facta a dimitir y ceder el poder a los fascistas. Un órdago en toda la extensión de la palabra.

A pesar de sus temores iniciales, Mussolini se había cuidado mucho antes de organizar semejante rebelión contra el poder establecido. Meses antes, el viejo Comandante Gabriele d´Annunzio había reclamado, desde Fiume y después, una *Marcha sobre Roma* para echar de allí a los viejos políticos y a sus viejas políticas y sustituirlas por un estilo nuevo, nacional y autoritario para hacer de Italia una gran Fiume y era en Mussolini —no podía ser otro— en quien ponía su fe para ello. D´Annunzio no fue el único que azuzó los ánimos a favor de la toma fascista del poder; de no ser así, es muy improbable que el Duce hubiera planeado nada parecido. Mussolini había recibido, por todos los medios imaginables, numerosas adhesiones de los intelectuales y los industriales de la Italia del norte, en las que se le tildaba poco menos que como redentor nacional. En ellas, los remitentes se quejaban de la debilidad del gobierno liberal para reprimir los desmanes socialistas y anhelaban un gobierno con autoridad que pusiera las cosas en orden. Al mismo tiempo, las numerosas entrevistas que realizó el líder fascista con los empresarios confirmaron la complicidad de estos con la política de acción directa de los escuadristas del PNF, de manera que pudieron desarrollar sus violentas actividades con una impunidad manifiesta. De ese modo, aumentaron los desmanes contra el socialismo quemando sus sedes, apaleando a sus militantes o *visitando* a sus simpatizantes para administrarles una más que razonable dosis de aceite de ricino; en un pueblo todo el mundo está al corriente de la tendencia política de su vecino, y fascistas había en todos los pueblos. El escuadrismo había colaborado a arrastrar a Italia a una situación de ruptura cercana a una guerra civil, pero las simpatías de muchos grandes empresarios y de sectores de mucho poder en las altas esferas del ejército e incluso de la monarquía —la reina sintonizaba con el PNF— se mantenían intactas. Durante varios meses Mussolini se dedicó a tejer una red de dependencia mutua con el empresariado al tiempo que pulsaba la opinión sobre una posible toma del poder, que en muchos casos resultó favorable. A gran parte de la burguesía italiana no le agradaba la debilidad que ante el peligro comunista habían mostrado los diferentes gobiernos liberales, y querían mano dura. Eso lo garantizaban los fascistas. Ahora bien, tampoco querían una revolución de ningún tipo. Mussolini aprendió la lección y tranquilizó al empresariado y a la iglesia. Aún con limitadas reticencias por parte de sectores industriales que no terminaban de fiarse de los orígenes revolucionarios del movimiento fascista, el PNF se fue abriendo camino hasta controlar pueblos y regiones enteras, principalmente en el norte, donde empezó a hablarse de una especie de protoestado fascista. Las violentas escuadras de Mussolini quisieron dar una demostración final de eficacia reprimiendo una huelga general que se realizó en todo el norte. Los fascistas se emplearon a fondo y reventaron la huelga. Todo quedó impune.

Mussolini no era la primera persona que se había planteado suplantar al gobierno democrático. Para muchos conservadores, el gobierno generaba tantas insatisfacciones que para regenerar Italia solo cabía la posibilidad de eliminarlo de raíz, pero no echando a Facta, sino destruyendo el sistema. Militares y un importante número de personas con influencia en el mundo de los negocios así lo habían visto, e incluso el duque Manuel Filiberto de Aosta, primo del rey, planeó en su momento dar él mismo un golpe de estado para el que finalmente no logró los apoyos suficientes. Mussolini no hizo más que sumarse a esta tendencia que ya existía y ofrecerse él, con la garantía de sus camisas negras, a la candidatura gubernamental.

El 27 de octubre, bajo la lluvia, los camisas negras inician el recorrido. Desde Nápoles, desde Peruggia, desde diferentes puntos de la península toman rumbo a Roma armados con sus porras, pero rodeados de un ambiente festivo, como si se tratase de una excursión. En toda Italia se pusieron en marcha unos 40.000 hombres, dibujando una marea negra que, casi sin oposición, fue ocupando los centros neurálgicos de las ciudades que iban alcanzando. Después de la *inauguración* napolitana, Mussolini retornó a Milán, el centro de su poder, desde donde se mantuvo a la expectativa siguiendo con atención el desarrollo de los acontecimientos. Si la marcha fallaba, el plan B consistía en crear un contrapoder en el norte que contrapesara al de Roma. Pero todo hacía presagiar que, efectivamente, en el horizonte romano brillaba el sol del fascismo. Al mismo tiempo que sus camisas negras ocupaban Italia, Mussolini continuaba entrevistándose con los magnates industriales del norte con toda normalidad, a quienes en general no parecía disgustarles el golpe de fuerza que se estaba representando en los caminos de Italia. El día 30 unos veinticuatro mil camisas negras acampan a las afueras de Roma, a la espera de que el gobierno respondiera de alguna manera.

Ante el cariz que han tomado los acontecimientos, el primer ministro Facta decreta la ley marcial y da la orden de que la policía y el ejército dispersen a los concentrados. Sin embargo, el rey Víctor Manuel III se niega en redondo a sancionarlo con su rúbrica, sin la cual aquellas órdenes no tienen validez. Acorralado y con una horrible sensación de haber sido traicionado, Facta presenta su dimisión y la de todo su gobierno, dimisión que es aceptada al momento. Con una Roma tomada por los camisas negras y sin un gobierno que lo respalde, el rey tenía que actuar con presteza. Tenía conocimiento de la simpatía con la que el ejército veía al movimiento fascista, no en vano muchos de los camisas negras eran veteranos de guerra y tenían un peso específico en él, pero por si acaso interpeló al mariscal Díaz, quien le respondió que el ejército cumpliría con su deber, pero que el rey haría bien en no someterlo a prueba. Visto lo visto, y para evitar derramamiento de sangre o incluso una guerra civil, Víctor Manuel III intentó una solución intermedia, esto es: propone a Antonio Salandra formar un gobierno liberal con inclusión de los fascistas, pero este se niega y Mussolini ya ha advertido que no aceptará nada que no sea el cargo de primer ministro. Sin otra solución, el rey no tiene más remedio que acceder a las reclamaciones de los camisas negras y ofrecer a Mussolini la jefatura del gobierno.

El día 31 de octubre Mussolini presenta al rey el listado con los nombres de las personas que compondrán su gobierno, que fue aceptado sin problemas. Se trataba de un gobierno deliberadamente moderado donde cabía de todo excepto socialistas, diseñado para evaporar las últimas dudas de quienes no terminaban de sentirse cómodos con las argumentaciones sospechosamente revolucionarias del aspirante a dictador. Para aumentar esta sensación de seguridad que Mussolini desea imprimir a su primer gobierno, margina en él a los miembros más destacados del PNF, un hecho que disgustó profundamente a los sectores más extremos del fascismo, abriendo una brecha que no se cerrará nunca. Mussolini se reserva el cargo de primer ministro y las carteras de interior y asuntos exteriores, los tres puestos más importantes de cara a dirigir la transición del parlamentarismo a la dictadura personal y la transformación de Italia en una potencia de primera magnitud, en una nueva Roma que iluminaría al mundo con su ejemplo y que, de hecho, ya empezaba a hacerlo, habida cuenta del desarrollo de movimientos de este signo por toda Europa a la sombra y ejemplo del fascismo italiano.

Al inicio de su gobierno, Mussolini es aún el primer ministro de un estado democrático pluripartidista de monarquía parlamentaria en el que el pueblo escoge a sus representantes por sufragio. Además, lidera un ejecutivo multicolor que se asemeja mucho a un gobierno de salvación nacional en el que los fascistas no son mayoría. Muchos liberales pensaban que a Mussolini las responsabilidades de gobierno le harían olvidar sus devaneos radicales y que su discurso y sus acciones terminarían acomodándose a los esquemas de un partido más del sistema. De hecho, los primeros discursos de Mussolini parecían ir en esa dirección: prometió respetar la monarquía, aseguró que no iban a cambiar las leyes de mercado y apaciguó al papado arrinconando su discurso antirreligioso al tiempo que aseguraba que el catolicismo iba a estar permitido en Italia. Con tal declaración de intenciones la estructura

Las celebraciones destinadas a ensalzar los valores patrios y militaristas fueron una constante en la Italia de Mussolini. La fascista debía de ser, entre otras cosas, una sociedad de soldados capaces de dar la vida por el Duce.

del sistema no parecía peligrar, sin embargo, quince días después de su nombramiento, abrió la sesión del parlamento con un discurso en el que exigió poderes especiales durante un año entero a fin de reestructurar el estado de cara a una mejora sustancial de su eficacia. Pertrechado tras un discurso cargado de apocalípticos mensajes y de prepotencia *—yo podría hacer de este recinto oscuro y gris un campamento para mis huestes,* dijo refiriéndose al Parlamento— consigue el beneplácito del pleno. Aquella fue la gran renuncia de la democracia. Con esa fuerza comenzó a trabajar para vaciarla de contenido y crear nuevas instituciones de cara a reforzar su poder en el estado y del mismo estado sobre el propio Partido Fascista. *Todo en el estado, nada fuera del estado, nada contra el estado*. Era el estado y no el partido quien debía de serlo todo, controlarlo todo y ocuparlo todo. Su primer paso en esta dirección fue la creación del Gran Consejo Fascista, como nexo de unión entre el gobierno y el PNF, un partido que aún no era único, pero iba hacia esa dirección porque ya lo estaba engarzando como una más de las instituciones estatales; reforzó y aumentó el partido fusionándolo con grupos nacionalistas desperdigados; y organizó a las escuadras en una milicia estatal con organización y jerarquía militar. Todo debía de emanar del estado, y lo que no, terminaría por extinguirse.

En 1923 Mussolini presentó al parlamento el proyecto de una nueva ley electoral según la cual el partido o coalición electoral que más votos obtuviera, siempre que consiguiera sacar más del 25% de los sufragios, tendría los dos tercios de la cámara para sí. Recordemos que el de Mussolini era un gobierno interino, legalmente nombrado por el rey en un momento de crisis derivado de la repentina dimisión de todo el ejecutivo Facta en bloque y que, por tanto, después del año de poderes especiales, tenía que organizar unas elecciones. El proyecto de ley no era más que una trampa para alargar al fascismo en el poder, y esto lo sabía la oposición. Dibujaba un parlamento muy descompensado que daba muchos escaños al más votado y dejaba en minoría a los demás. En la aprobación del proyecto jugó un papel decisivo el apoyo que obtuvo del grupo conservador, que votó influido por las argucias de la Santa Sede, que había recibido muchos favores de parte de Mussolini. De esta forma, y haciendo uso sin pudor alguno del voto fraudulento, la coalición de fascistas y conservadores de la derecha liberal gana las elecciones de 1924. En este sentido, es interesante destacar que la coalición ganadora obtuvo más votos en las depauperadas zonas del centro y sur de la península que en el norte, que era precisamente donde tenía bases más sólidas; lo cual no hace sino demostrar que el *pucherazo*, el voto por coacción, fue mucho más que una mera intuición.

Durante la ceremonia de apertura del parlamento, entre los miembros de la ahora irrisoria oposición era un secreto a voces que las elecciones habían sido amañadas, pero fue un diputado socialista, Giacomo Matteotti, quien se atrevió a levantar la voz ante lo que le parecía un atropello, solicitando la invalidación de los resultados y la organización de nuevos comicios. Los esbirros del fascismo no tardaron en acallar la voz más estridente de la oposición organizando un secuestro nocturno a las puertas de su casa. Dos meses después se halló su cadáver enterrado a las afueras de Roma, con claros síntomas de descomposición. El asesinato de Giacomo Matteotti generó un escándalo que las fuerzas de la oposición no pudieron explotar suficientemente debido a las primeras experiencias de censura. Ahora los italianos sabían de verdad cómo se las gastaban los fascistas. Como protesta, todos los grupos políticos excepto el comunista optaron por retirarse del parlamento y no volver más hasta que el asunto estuviera aclarado y depuradas las responsabilidades, un error que les costó muy caro. Libre de parlamentarios, Mussolini decreta la disolución de la cámara. El camino quedaba despejado hacia la dictadura personal.

EN ROMA BRILLA EL SOL

Eso dijo Mussolini a sus Camisas Negras aquella lluviosa mañana de octubre. Y allí se dirigieron, a Roma, a ver si era verdad eso de que allí brillaba el sol. Se apostaron pacientemente a las afueras, obligaron al rey a nombrarlo jefe de gobierno y ahora esperaban el sol prometido. El sol del fascismo, claro.

En 1926 los nubarrones parlamentarios se habían despejado. El cielo era azul y, efectivamente, en Roma brillaba el sol. Desde octubre de 1922 había sido necesaria una delicada labor de limpieza para llegar a la feliz situación que Mussolini podía ahora disfrutar. Como habían sido suprimidos, los partidos políticos ya no pondrían más pegas a sus designios, de manera que Italia estaba postrada a sus pies. Aunque legalmente continuaba dependiendo del rey, a efectos prácticos Mussolini podía hacer casi todo lo que le viniera en gana, inclusive introducir aquel ridículo lema que decía eso de que *Mussolini siempre tiene razón,* que llenó las paredes de Italia de norte a sur y que nadie se atrevió a decir que su contenido era tontorrón y absurdo en sus términos. Italia era de Mussolini, y un poco del PNF, pero lo justito; lo que como parte integrante del estado le correspondía. Nada mejor en este caso que la frase de Luis XIV cuando dijo —¿lo dijo realmente?— que el estado era él. En el caso de Mussolini lo era. Sin lugar a dudas. No tanto como lo sería el de Hitler. No era jefe del estado, eso lo reservaba para el bajito coronado que era Víctor Manuel III (metro y medio de estatura), quien por otro lado no parecía estar excesivamente incómodo con Mussolini. Por obra y gracia de una democracia vacilante, el estado se había convertido en un todo omnipotente y omnipresente, casi en una divinidad. Y Mussolini era su profeta. Al fin y al cabo, era el Duce (guía), su legítimo representante y su intérprete infalible. Así se fue organizando un sistema de culto a la personalidad del Duce. *Creer, obedecer y combatir*. Otro lema. Creer sin esperar explicaciones, y morir si fuera necesario. ¿No parece esto más una religión que un sistema político? El fascismo ha sido definido como la religión de la patria, y no es una mala interpretación.

Mussolini se valió de su imagen popular para ganarse al pueblo. No era el clásico político acorbatado, alejado de las preocupaciones de la gente corriente, sino un hombre de extracción rural a quien le encantaba exhibirse públicamente haciendo labores de recolección de trigo o montando en un coche de fórmula uno. No era estático, sino dinámico. Se preocupaba por mantener una imagen de accesibilidad que le mantenía permanentemente cerca de las capas populares, y su personalidad abierta logró hacer mucho en su favor para ganarse al pueblo. Sin embargo, siempre hay quien, superando semejantes superficialidades toma conciencia política de que lo que Mussolini estaba proponiendo era un despotismo, de manera que para controlar y reforzar su dominio instituyó una policía política, la OVRA, y un tribunal especial que juzgaba los crímenes contra el estado, reinstaurando a su vez la pena de muerte. El parlamento se convirtió en una cámara apolítica que ejerció como representación de las corporaciones, un sistema adaptado del corporativismo d´annunzista de Fiume. Las reclamaciones de estos gremios profesionales ascendían a oídos del gobierno por medio de unos dóciles representantes que eran cuidadosamente investigados antes de ser nombrados para el cargo. Desde el gobierno se presentó al corporativismo como un sistema que lograba superar la lucha de clases para hacer colaboración de clases. En realidad, lo que hizo fue suprimir los sindicatos en beneficio del sindicalismo fascista, que unía a patrón y obrero en una misma corporación, cosa que limitaba mucho la acción proletaria. El sistema, sin embargo, cosechó mucho éxito en el extranjero donde gran parte de las agrupaciones fascistas, que florecían a lo largo y ancho del continente, lo adoptaron como su sistema económico ideal. A pesar del fraude del corporativismo, justo es decir que en la Italia fascista existió una preocupación por armar al estado con una legislación social avanzada: se aprobaron medidas como la creación de una especie de seguridad social y un amplio sistema de ayudas y pensiones que se convirtieron casi en pioneras a nivel mundial. El fascismo exportaba así una cara amable y muy atrayente para sectores más bien conservadores, que consideraron que había logrado unir las principales aspiraciones obreras sin revolución proletaria.

Uno de los términos más obsesivamente repetidos en la Italia de Mussolini fue *Autarquía*. La autarquía es un modelo económico que pretende lograr el abastecimiento y la autosuficiencia de una nación por sus propios medios, sin depender del exterior. Para Mussolini, un país que no era autosuficiente no podía ser un país fuerte, porque subsistía de manera más o menos dependiente. El fascismo se lanzó a una campaña de fomento de la producción nacional en todos los sectores de la economía, con especial hincapié en los que Italia se encontraba deficitaria. El caso más sonado fue el de la *batalla del trigo* —llamaban de esta manera tan marcial a toda una serie de propósitos que Italia debía de superar para salir de su retraso: batalla del trigo, batalla de la natalidad...—. El mismo Mussolini se ocupó personalmente de fomentar la producción cerealística asiendo los aperos de labranza y trabajando la tierra con brío mientras era fotografiado y filmado por la prensa. La batalla del trigo logró un aumento de la producción que, sin embargo, no llegó a dar los resultados esperados.

La educación fue otro de los puntales de la política del régimen. Hacer un nuevo hombre requería invertir en una reforma general de la educación que incidiera en los valores fascistas de valentía, patriotismo y sacrificio por la comunidad nacional. Para ello se requirió la participación de Giovanni Gentile, ideólogo oficial del régimen, que no del fascismo *per se*. Para Gentile la educación se convirtió en una especie de obsesión, su *ojito derecho*. Ideó un sistema en el que se daba excesiva preferencia a la cultura grecolatina en detrimento de la ciencia y las enseñanzas técnicas. La lengua, la historia y la literatura adquirieron un fuerte relieve, adulteradas por una impronta nacionalista que enfatizaba el valor de Italia y su cultura en Europa y el mundo. Poetas, literatos, pintores, escultores, pensadores, arquitectos... Italia era sagrada y su historia era la historia de la humanidad. Italia era también la difusora del cristianismo al mundo, una verdad incuestionable que se hacía más patente en los colegios de la península en cuanto que la asignatura de religión volvió a impartirse a raíz de las deudas mutuas entre la Iglesia y el régimen. En este sentido fueron muy relevantes los Pactos de Letrán (1929), todo un hito en las relaciones entre el estado italiano y la Santa Sede. Desde que en el siglo XIX Italia fagocitó a los Estados Pontificios en aras de su unificación nacional, el papado desconocía jurídicamente a un estado italiano que consideraba usurpador. Esta disputa envenenó las relaciones entre Italia y los papas durante demasiado tiempo, hasta que el gobierno de Mussolinni y el Papa Pío XI, ambos muy interesados en reconducir la situación, firmaron los famosos Pactos de Letrán más arriba referidos, en virtud de los cuales Italia reconocía al Vaticano como un estado independiente y neutral. Como contrapartida, la Santa Sede reconoció al estado italiano en toda su integridad, renunciando a la soberanía sobre los antiguos Estados Pontificios a cambio de una jugosa cantidad en concepto de reparación. Igualmente, Italia habría de definirse como estado oficialmente católico, permitiendo las actividades católicas sin ningún obstáculo e introduciendo la religión en las escuelas. El Papado podría escoger libremente a los obispos y arzobispos en Italia, pero mostrando antes la terna de candidatos a las autoridades italianas. De esta manera se resolvió el conflicto secular entre estado e iglesia en Italia y se continuó *traicionando* al fascismo de primera hora, cuyos representantes cada día estaban más molestos. A cambio, Mussolini se ganó la alianza del Vaticano, un verdadero triunfo que legitimó al régimen a nivel internacional habida cuenta de la influencia de la Santa Sede en el mundo de principios del siglo XX.

Pero la gran baza internacional que quería jugar Mussolini era la de gran potencia. La política exterior se dirigió en tres frentes: la revisión de los tratados de paz con los que se zanjó la Primera Guerra Mundial, la obtención de una zona de expansión italiana en el mediterráneo oriental, con lo que entraba en conflicto directo con Yugoslavia, y la construcción de un verdadero imperio colonial que superase la *colección de desiertos* improductivos que ocupaba Italia, sobras que los demás países no querían. En un primer momento esta política se vio favorecida por la amistad de Francia y el Reino Unido, que buscaban un contrapeso a una hipotética posición hegemónica de cualquier nación en Europa. La política de apaciguamiento tan característica de las potencias occidentales en el periodo de entreguerras favoreció las ansias expansionistas de Mussolini en algunos puntos de África, poco significativos por lo demás, que maquillaban ligeramente la tan deseada revisión de los tratados de paz. En 1924 Italia se convirtió en la primera potencia vencedora que firmó un tratado comercial con la Unión Soviética, país con quien irónicamente llegará a tener una relación muy estrecha y sobre el que Mussolini se atreverá a decir que está encontrando la visión patriótica que la revolución marxista no le dejaba ver. Para Mussolini, la revolución rusa se convierte, por arte de birlibirloque, en nacional más que otra cosa, y loable en cuanto que supone una resurrección patriótica. Otra cosa es el socialismo italiano, o europeo en general, que muy al contrario que el ruso se vende a los deseos de una potencia extranjera. Una visión que, como veremos, fue compartida por una parte del fascismo ruso, que después de combatir al sovietismo durante la guerra civil, decidió retornar y reconocer a Stalin como el creador de la Gran Rusia que siempre había soñado.

La llegada de Hitler al poder (1933) trastornó gravemente el equilibrio internacional. Un nuevo gigante y una nueva amenaza se atisbaban en el horizonte, y las potencias occidentales no estaban dispuestas a permitirlo. Por supuesto, por medios pacíficos. Cuando Alemania desconoció oficialmente los tratados de paz y retiró su delegación de la Sociedad de Naciones, Francia y el Reino Unido se acercaron a Italia a fin de buscar un entendimiento entre los tres y lograr así presionar a Alemania para firmar un pacto cuatripartito en aras a conservar el estado de paz y la seguridad en el viejo continente. Claro, una cosa es la intención y otra lo que realmente ocurre, de manera que el Pacto de los Cuatro no fue más que una pantomima sin fondo real. Al contrario que Mussolini, Hitler no varió en demasía sus argumentos originarios una vez alcanzada la cancillería. Sus presupuestos iniciales se mantuvieron incólumes, de forma que no tardó en amenazar seriamente la independencia de Austria, su país de origen. Según el nacionalsocialismo, Austria pertenece por lengua, cultura, historia y raza a Alemania, es una importante región de ella y debe de formar parte de la Gran Alemania que el Führer quiere construir. Las frecuentes alusiones nazis a Austria cayeron como jarros de agua helada en Viena, donde el canciller Dollfuss había establecido un sistema político corporativista siguiendo el modelo de Mussolini. El austrofascismo, que así se llamó el régimen, se apoyó en Italia para contrapesar la influencia nazi, cada día más agresivamente dispuesta a dar el golpe de estado definitivo que terminara con la independencia austriaca. El golpe llegó en 1934. Aunque fracasado, se cobró un alto precio con el asesinato del canciller Dollfuss; un hecho que agrió las relaciones ítalo-alemanas hasta el punto de que Mussolini se erigió en campeón de la independencia de Austria enviando tropas a la frontera. Fue el momento de máxima tensión con el antipático régimen nazi, contra el que los fascistas italianos habían lanzado cientos de exabruptos desde la llegada al poder de Adolf Hitler. El fascismo italiano no compartía para nada el racismo alemán; les parecía algo absurdo, pueril, y no perdían tiempo cada vez que tenían una oportunidad para ridiculizarlo. En este sentido, resulta muy interesante señalar la curiosa transformación del fascismo italiano en este asunto según evolucionaron las relaciones con la Alemania nazi. En sus orígenes y hasta 1938, el Partido Nacional Fascista no atendió en ningún caso a la cuestión judía por considerarla maniquea e irrelevante. De hecho, entre los fundadores del fascismo italiano había varios hebreos. Atendiendo al número de ellos que había en el país, su presencia en el partido resultaba desproporcionadamente alta. El racismo mussoliniano comenzó a manifestarse, como influencia doctrinal del triunfante nazismo, una vez dado el giro que los haría aliados. A partir de 1938 se dio un proceso de nazificación que alteró sustancialmente los presupuestos iniciales del fascismo y que volvió a molestar a los críticos del partido.

El hecho que alteró las relaciones políticas europeas y puso los cimientos de la futura alianza nazi-fascista fue la invasión italiana de Etiopía. Los deseos de poseer un imperio colonial de cierta enjundia pudieron más que la razón, e Italia se lanzó a una enfebrecida empresa de invasión de uno de los pocos territorios independientes de África. Emparedada entre Eritrea y la Somalia Italiana, Etiopía era una monarquía encabezada por el emperador Haile

Selassie cuya independencia garantizaban Francia y el Reino Unido. Las hostilidades se iniciaron a partir de una serie de encontronazos fronterizos forzados por los italianos a fin de encubrir sus verdaderas intenciones. Las inconsistentes razones que esgrimió Italia para justificar la acción no dieron resultado y la Sociedad de Naciones condenó la invasión, decretando sanciones económicas a la potencia agresora, una medida que no surtió efecto en cuanto que naciones de peso como Alemania no la acataron. Además, Alemania fue el único estado que aprobó y apoyó a Italia. Mientras tanto, las potencias garantes de la independencia del reino africano se limitaron a acatar lo decretado por la Sociedad de Naciones y condenar públicamente al régimen mussoliniano. En mayo de 1936 finalizó la guerra con la victoria italiana y la Sociedad de Naciones aceptó el hecho consumado.

El golpe

A principios del año 1923, Adolf Hitler era un personaje carismático de la vida política muniquesa. Como líder de uno de los partidos más influyentes de la ciudad, conocía de primera mano a los políticos y dirigentes de aquella Baviera de principios de siglo que se había convertido en un auténtico santuario de derechistas y nacionalistas que conspiraban para derrocar a la república socialdemócrata instalada en Berlín. Su capital, Munich, era una ciudad-refugio donde conservadores, nacionalistas y monárquicos de todo tipo habían creado un caldo de cultivo ideal para la formación y adoctrinamiento de las masas en el nacionalismo radical. En este ambiente surgieron muchas agrupaciones políticas de marcada tendencia nacional-extremista, fomentadas desde el propio gobierno bávaro. No es extraño que los orígenes del nacionalsocialismo como partido político viable haya que rastrearlos por estos andurriales. La mayor parte de las organizaciones nacionalistas bávaras de los años veinte navegaban en las conocidas aguas del monarquismo conservador, muy lejos de los proyectos socializantes que el NSDAP ofrecía en su programa. El conservadurismo dominante en Baviera repelía a los nazis por vetusto. No comprendían en qué iba a beneficiarse Alemania en caso de darse una restitución monárquica. Aquellos planes del nacionalismo conservador para derribar a la república no lograrían sino perpetuar un sistema retrógrado y conservador que ya había sido derribado por el pueblo alemán. Los nazis buscaban una revolución, no una vuelta atrás. Sin embargo, la adscripción de los altos cargos del gobierno de la región autónoma a partidos e idearios altamente rupturistas y sus declaraciones públicas en favor de un golpe de estado en Berlín no podían sino atraer las simpatías del partido nazi y de sus dirigentes, para quienes una *Marcha sobre Berlín* se hacía indispensable de cara a reconducir la situación política en un sentido nacionalista. El NSDAP reconocía el peso específico del nacionalismo conservador en el ejército y la sociedad bávaras, y sabía que la revolución fascista no podría hacerse sin su apoyo. Hitler intentó atraerse a estos sectores a su campo con un éxito relativo, ya que el entusiasmo que generaban sus planteamientos nacionalistas se compensaba por la desconfianza que les producía su radicalismo social y su componente violento; una característica, la de la violencia, que no era necesariamente mal vista por un sector de la derecha radical. Al fin y al cabo, las acciones de las SA nazis lograban mantener a raya a los comunistas, algo que era muy de agradecer. Sin embargo, los nazis nunca llegaron a ser tomados en serio por las altas jerarquías de Baviera. Esas enseñas con la svástica, aquellas ceremonias de fantasía cargadas de mitos... No, definitivamente eran muy folclóricos y poco serios. No, no eran serios.

Baviera se había convertido en el gran baluarte de la derecha conservadora, desde donde se programaban asaltos al poder y golpes de estado, la mayoría de ellos solamente realizados de palabra y al calor de una jarra de cerveza. En 1923 estos proyectos estuvieron a punto de materializarse en algo verdaderamente sólido cuando el gobierno alemán decidió abandonar la resistencia pasiva a las deudas que le impuso el Tratado de Versalles y pagar religiosamente. Además de humillante, los sectores nacionalistas de toda Alemania lo consideraron una traición. El ejecutivo se había rendido frente a las injustas reclamaciones extranjeras, y eso era algo que los acalorados nacionalistas no podían consentir. La indignación se dejó sentir principalmente en Baviera: como respuesta, el gobierno autónomo decretó el estado de emergencia por su cuenta y riesgo, sin mediar orden ni tomar en cuenta la opinión del gobierno central. El 26 de septiembre el gobernador de la Alta Baviera, Gustav von Kahr, fue nombrado cabeza provisional del nuevo gobierno bávaro con poderes de dictador. Kahr inauguró su autoproclamado gobierno acusando al ejecutivo central de cientos de infamias, y proclamó la necesidad de ejecutar a la mayor brevedad una Marcha sobre Berlín para imponer un gobierno conservador que recondujera la situación. La insubordinación bávara no cogió por sorpresa al gobierno Ebert, que no esperaba otra cosa de aquel nido de derechistas. Se puso a todo el país en estado de excepción, dando confianza y extensos poderes al ejército, más partidario de defender el posicionamiento de Kahr que el de Ebert, a pesar de ser este el canciller. Así logró Ebert que los militares se alinearan finalmente a su lado, salvando la posibilidad cierta de una guerra civil en Alemania.

El NSDAP de Hitler pensaba que era posible organizar desde Baviera un levantamiento militar derechista que dirigiera sus tropas a Berlín para derribar a la república. En Munich no se hablaba de otra cosa, y el mismo Kahr alimentó la idea muchas veces en aplaudidas oratorias públicas. Para los nazis era indispensable hacer algo para que esa marcha no fuera vana, evitando la reinstauración de la monarquía o si eso se diera, al menos que no siguiera una política marcadamente conservadora. Kahr nunca había tenido en cuenta las propuestas políticas de Hitler y no le trataba como a una persona relevante, de manera que los miembros del NSDAP consideraron que, a pesar de ello, no se les podía escapar la oportunidad y actuaron en consecuencia preparando un golpe de estado en la propia Baviera. El 8 de noviembre de 1923, las unidades SA rodearon el edificio de la cervecería más importante de Munich, en cuyo interior se estaba celebrando un acto político en apoyo al gobierno de Kahr. Además de este, a la reunión había acudido la flor y nata de la sociedad bávara, incluidos políticos, aduladores y ministros. Al poco rato y pistola en mano, Hitler irrumpió en la sala con cara de circunstancias y un grupo de individuos fuertemente armados. El líder nacionalsocialista se subió a una silla y disparó al techo proclamando a voz en grito que había comenzado la revolución nacional. Sus correligionarios tomaron como rehenes a los tres mil individuos que participaban en la ceremonia. Después, teatralmente y con aquella permanente expresión de gravedad dibujada en su rostro, Hitler pidió silencio y condujo a Kahr, al jefe de la policía regional y al máximo representante del ejército en Baviera a una sala anexa. Allí Hitler, con la audiencia asegurada por las pistolas, les anunció su propósito de llevar a cabo la tan cacareada Marcha sobre Berlín y de convertirse en canciller. Para eso necesitaba el apoyo total del gobierno de Baviera. Les leyó el listado de personas que compondrían el nuevo gobierno, en el que también había puestos ministeriales para ellos. La restauración de la monarquía no estaba en los planes de Hitler, a lo que Kahr respondió indignado que él no podía sumarse a un golpe así porque era monárquico. Sin embargo, las diferencias de opinión no tardaron mucho tiempo en desaparecer, puesto que en seguida volvieron a la sala grande, donde la muchedumbre aguardaba escuchando una alocución nacionalsocialista. Anunciaron el acuerdo al que habían llegado y cantaron el himno de Alemania. Tras ello, los SA llevaron detenidos a un buen número de ministros, pero no a los tres que se habían reunido con Hitler. Luddendorf, un antiguo militar de la Primera Guerra Mundial al que los nacionalistas veneraban como a un héroe, aseguró al líder nazi que si habían dado su palabra podía confiarse en ellos, ya que eran dignos alemanes. Hitler desconfiaba, no las tenía todas consigo; pero sorprendentemente accedió, dejando marchar libremente a Kahr y los otros dos. Como era de esperar, ahí radicó el fracaso del golpe. Aquella misma noche, el gobierno bávaro proclamó su oposición a la intentona de Hitler y sacó el ejército y la policía a la calle. A la mañana siguiente los nazis, con Luddendorf y Hitler a la cabeza, salieron de su cuartel general en dirección al centro de Munich, donde les esperaban las fuerzas de orden público, que les advirtieron de que no avanzaran más. No hicieron caso y siguieron avanzando, de manera que la policía abrió fuego, cayendo muertos varios golpistas nazis. Hitler se dislocó un hombro debido al golpe que le produjo la caída al suelo cuando empezaron los disparos, pero finalmente pudo huir. Dos días más tarde dieron con su paradero. Se había refugiado en casa de un crítico de arte que simpatizaba con el partido. Le encontraron en pijama, y tras comunicarle su detención pidió unos momentos y con expresión de completa dignidad, se colocó la Cruz de Hierro. Acto seguido, se entregó a la policía.

El juicio que se derivó del fallido golpe nazi fue una especie de burla a los más elementales principios de la ética jurídica. Se convirtió en un auténtico altavoz de la propaganda nazi por medio del cual se airearon las ideas del partido en todos los periódicos de Baviera. Hitler recibió el apoyo y simpatía de un gran número de personalidades de Baviera y de toda Alemania, incluidos varios cargos de la judicatura. Incluso el fiscal justificó la actitud del caudillo nazi haciendo un relato apasionadamente deformado de la realidad política nacional. El juicio se desarrolló con múltiples accidentes, rematados por los aplausos de los correligionarios de Hitler cada vez que terminaba una de sus vehementes exposiciones. Una vez finalizado todo el proceso, Hitler fue vitoreado como mártir y héroe de la patria con banderas, flores y símbolos nacionalistas, y en algunas universidades los estudiantes organizaron protestas a favor de Hitler ante lo que consideraban un juicio político. Evidentemente, Hitler no era un reo político ni un héroe nacional. Había cometido un acto de alta traición por la que, sin embargo, no fue condenado más que a cinco años de prisión.

El dirigente del NSDAP fue destinado a la prisión-fortaleza del castillo de Landsberg, un bucólico edificio que se asemejaba más a un coqueto hotelito que a una cárcel. Como recluso, Adolf Hitler se dedicó a leer mucho y a redactar sus memorias políticas, que más tarde verían la luz en un libro titulado *Mein Kampf* (Mi lucha). Esta obra ha sido considerada la biblia del nazismo. Narra la peripecia política personal de Hitler, combinando el relato con una exposición facilona y reiterativa de su ideario político, esbozando con bastante claridad los pilares del pensamiento nazi. Además de las ya conocidas críticas al marxismo y a los tratados de paz posteriores a la Primera Guerra Mundial, el pensamiento de Hitler descansa sobre unos pilares que el fascismo italiano desconoce: la desigualdad de las razas humanas y la superioridad innata de los arios sobre el resto, siendo ellos los únicos responsables de absolutamente todas las altas civilizaciones de la historia de la humanidad, desde la egipcia hasta la Norteamérica del siglo

XX, pasando por la Atenas de Pericles. Unos pocos centenares de arios lograron someter y engrandecer a sociedades numéricamente dominadas por otras razas, pero cuando esas personas se mezclaron con los seres inferiores a quienes dominaban, la raza comenzó a deteriorarse hasta decaer completamente. Esa era la razón de la caída de aquellas grandes culturas de la Antigüedad. A pesar de su profundo germanismo, Hitler tiene en mente una especie de nacionalismo racial ario más que propiamente alemán, donde tienen cabida tanto alemanes arios como holandeses, ingleses y escandinavos. Otra de sus obsesiones es el *lebensraum* o espacio vital que toda raza en expansión necesita para su supervivencia. Por historia y tradición, el espacio vital alemán era la Europa oriental, hasta los Urales, un territorio que debía de ser ocupado por arios.

La vía legal

El 20 de diciembre de 1924 Hitler se beneficia de una amnistía y sale libre a la calle. No había transcurrido más que un año de los cinco que le habían caído. Inmediatamente se dedica a reorganizar el NSDAP, un partido que había sufrido horas bajas y cierto desgobierno durante la prisión de su magnético líder. La llegada de Hitler es recibida con alborozo y de nuevo comienza una fase expansiva del NSDAP, ahora de cara a cubrir Alemania entera por medio de un proceso de participación en las elecciones generales. El partido se fue dotando de estructuras mucho más firmes que las anteriores, se impuso el *Führerprinzip*, por el que todo quedaba supeditado a la autoridad de un único líder en la persona de Adolf Hitler. Las SA recibieron un entrenamiento más adecuado y militar, dejando de ser una chusma de pandilleros callejeros para refundarse como un grupo paramilitar violento, un ejército privado a las órdenes del Führer. Los desfiles que organizaban con su camisa parda y sus elegantes símbolos, saludando brazo en alto al Führer se convirtieron en un espectáculo impresionante y daban una imagen temible. Al mismo tiempo, los tentáculos del partido se expandieron eficazmente, creando organizaciones femeninas, sindicales, universitarias… y se inició una fuerte campaña para establecer órganos de prensa nacionalsocialistas en todo lo ancho y largo de Alemania, incluida Austria, terruño natal de Hitler anhelado por el irredentismo germano. En 1925 Hitler decide crear unas escuadras especiales asignadas a la dirección del partido. Nacen así las SS (Schutzstaffel). Aunque se crearon como una unidad de protección, con el tiempo fueron transformándose en una especie de orden de caballería moderna a la que solo tenían acceso los arios puros, uno de cuyos principales cometidos era el mantenimiento de la limpieza racial. Con su uniforme rigurosamente negro y sus símbolos característicos de la calavera y la doble ese rúnica, las SS serán durante la guerra el cuerpo encargado de rematar la obra del ejército regular en los territorios conquistados del este europeo para liquidar a los eslavos y judíos y organizar y administrar los campos de concentración. Con SS y SA, el partido nazi había dado forma a un auténtico ejército ajeno a las estructuras militares del estado, únicamente fiel a Hitler, a quien prestaban juramento de obediencia ciega. Una verdadera amenaza para el estado y una garantía de fidelidad para el Führer.

A partir del año 1929 la crisis económica mundial producida por el desplome de la bolsa de Nueva York trajo consigo un aumento enorme del número de parados en toda Alemania. Las condiciones de trabajo empeoraron notoriamente y Alemania, después de unos años de cierta paz social, parecía entrar en un nuevo periodo de dificultades. El aumento exponencial de las protestas populares sumió a los partidos tradicionales en un grave apuro al verse duramente castigados por el electorado. En contraposición, los partidos extremistas se benefician de la situación. A partir de esta fecha, tan solo el Partido Comunista (KPD) y el nazi (NSDAP) aumentaron en número de votos, ¡y de qué manera! Alemania se estaba encaminando hacia una dicotomía nazi-comunista que quedaba bien patente en el enfrentamiento callejero y los asesinatos políticos. Como en el caso italiano, esta situación condujo a muchos empresarios a poner la vista en el partido nazi, aunque en el caso alemán con muchos más reparos que en Italia. Si bien es cierto que tiraban más por esta línea, el NSDAP nunca llegó a obtener grandes sumas de dinero de los magnates, aunque sí del pequeño empresariado. La juventud era la que con más decisión engrosaba las filas de Hitler, galvanizada por el nacionalismo grotesco y franco a la vez de los nazis, su exaltación de la violencia y las efectistas puestas en escena que les hacía parecer más poderosos que el propio gobierno. Este era, sin embargo, su principal *hándicap*, ya que la imagen de violencia que llevaban aparejada no terminaba de agradar ni a los empresarios, ni a los militares, ni al alemán medio. Además, su programa socialista tampoco les hacía mucha gracia, por lo que Hitler tuvo que asegurarles privadamente que lo iba a moderar. Impelido por esta promesa, Hitler se enfrentó al ala izquierda de su partido, representado fundamentalmente por los hermanos Otto y Gregor Strasser, quienes propugnaban un programa extremista de racismo social combinado con la nacionalización de los medios de producción y el fin de la propiedad privada. Tras una minuciosa labor de zapa, la vertiente más socializante del nacionalsocialismo fue marginada y virtualmente eliminada a partir de 1930, año en el que Otto Strasser abandona el partido con una pequeña hemorragia de unas seis mil personas. Así, junto a otro grupo de militantes nazis escindidos, Otto Strasser dio vida a una serie de grupos minoritarios que reivindicaban estar en posesión de la ortodoxia nacionalsocialista, que acusaban a Hitler de haberse vendido a los empresarios y que fueron duramente reprimidos a partir de la toma nazi del poder, terminando muchos de ellos en los campos de concentración. Desde el exilio, Otto Strasser fue uno de los más encendidos opositores al Tercer Reich, siempre desde una visión racista del socialismo. Su hermano Gregor murió ejecutado por las SS en la Noche de los Cuchillos Largos. De esta manera Hitler pretendió ganarse el respeto y la confianza del empresariado. En parte lo consiguió: el país se escindía entre nazis y comunistas, de manera que los empresarios supusieron que había que jugar la carta menos mala, la nazi. Aún así, el NSDAP nunca tuvo un apoyo pleno de este sector hasta su llegada al poder.

En las elecciones de 1930 el voto nazi ascendió espectacularmente en toda Alemania. Con un incremento de hasta un 800%, el NSDAP se convirtió en el segundo partido más representado en el Parlamento, por detrás del socialdemócrata. Muy cerca estaban los comunistas del KPD. Los nazis habían logrado estos resultados utilizando el discurso del orgullo, de la vitalidad, insistiendo en un gobierno fuerte que diera estabilidad y paz. Los nazis eran paz, fuerza, y restablecimiento del orgullo nacional. Ese era el mensaje. En las elecciones de julio de 1932 se convirtieron en la fuerza más votada y la que presumiblemente debería de haber formado gobierno, pero el jefe del estado, mariscal Hindemburg, no estaba por la labor de ofrecer la sagrada cancillería a un palabrero de origen austriaco, a un indigno. Vamos, que no le caía simpático. Nombró canciller al candidato del Centro Católico, Franz von Papen, quien sin tener suficientes apoyos parlamentarios y sin poder nombrar un gobierno firme, se vio obligado a organizar nuevas elecciones en noviembre del mismo año, en la que los nazis perdieron casi dos millones de votos. Fue la primera vez que experimentaban un revés electoral, después de constantes subidas electorales año a año. Sin embargo, el NSDAP continuaba siendo un partido de peso parlamentario y el que más afiliados tenía de todo el país. Para von Papen las elecciones no arreglaron nada, seguía sin poder formar una mayoría estable, de manera que propuso a Hindemburg una especie de golpe de estado presidencialista a fin de concentrar más poderes en su persona, una propuesta que no fue aceptada y que acarreó el nombramiento de von Schleicher en sustitución de Papen. Schleicher duró dos meses en el cargo. Finalmente, Papen y Hindemburg se rindieron a la evidencia de que no podía evitarse al partido nazi si querían lograr una mayoría fuerte que actuara de base a un gobierno estable. La idea era crear un gobierno bajo la presidencia de Hitler que contara con la figura de Papen como vicecanciller y una minoría nazi (solo dos ministros). De esta manera creían asegurar el control sobre los desatinos de Hitler y asegurarse el apoyo del NSDAP al gobierno, lo que les daría la mayoría absoluta. La jugada salió rana, ya que dos días después de su proclamación como canciller el 30 de enero de 1933, Hitler disolvió el parlamento y logró poderes especiales, marginando a Papen, quien poco después fue relegado de su puesto por sus críticas al gobierno nazi, especialmente las referidas a la campaña que se llevó a cabo contra la iglesia católica. Aquello para lo que Mussolini necesitó cuatro años, Hitler lo hizo en meses, creando una dictadura más cercana al totalitarismo que la del italiano.

Los émulos

Con una diferencia de algo más de doce años entre una y otra, el fascismo italiano y el nacionalsocialismo alemán fueron las primeras experiencias fascistas que llegaron a ejercer el poder de forma efectiva en sus respectivos estados. A pesar de la inestabilidad crónica de la etapa de entreguerras, Italia y Alemania seguían siendo dos de las más señeras potencias a nivel mundial, razón por la cual las alteraciones políticas que se dieron en ellas no dejaron a nadie indiferente. A partir de su ejemplo surgieron casi de la nada una miríada de pequeños partidos de tendencia similar que, con mayor o menor suerte, intentaron seguir los pasos de *sus mayores* en el ideal de creación de un estado fuerte que combinara los ideales de nacionalismo y justicia social no marxista. La Europa que, después del prólogo ruso, se presuponía escenario de la primera parte de la revolución mundial, se llenó de fascistas. Nadie lo esperaba. Nadie esperaba al fascismo.

Tanto por la fundación del primer partido de masas de estas características como por el acceso al poder, la experiencia italiana fue la más madrugadora; por eso su nombre ha quedado para todo el movimiento político en general. Su ejemplo cundió y se desparramó hasta los lugares más recónditos del continente, surgiendo con brío una constelación de grupos fascistas de diversa condición. Entre ellos descolló el nacionalsocialismo, un movimiento biologista muy diferente del fascismo mussoliniano que, sin embargo, reconoció su deuda con él cuando el propio Hitler dijo que sin el modelo italiano, el nacionalsocialismo habría seguido siendo un pequeño arbusto en la política alemana. Un arbusto que se convirtió en un árbol más sólido que el italiano y que se transformó en el prototipo de una gran constelación de agrupaciones políticas que copiaron sus ritos, actitudes y doctrinas. Podría decirse que a partir de la ruptura alemana, el mundo fascista se dividió en dos *escuelas* fundamentales: la italiana y la alemana. La primera, representante de un nacionalismo moderno, culturalista, de corte liberal y origen decimonónico, mucho más maduro y civilizado, es la que adoptarán casi sin excepción los fascismos que se desarrollaron en la Europa occidental. En contraposición, los fascismos orientales optaron por seguir el patrón nazi, caracterizado por un nacionalismo cerrado, biologista, que deriva en un racismo fanático cuyo origen se pierde en la noche de los tiempos. Mientras que el fascismo de corte italiano, y por extensión occidental, asume un concepto nacional abierto a todos los habitantes de la comunidad, el oriental presenta un sentido excluyente que rechaza al no racialmente puro. Paradójicamente, al tiempo que la vertiente socialista revolucionaria estuvo más patente en los movimientos de fascismo racista, los occidentales sufrieron una mayor derechización y cierta connivencia con las estructuras vigentes.

El fascismo arraigó con más fuerza en la Europa central y oriental. Las Flechas Cruzadas húngaras, la Guardia de Hierro rumana y el nacionalsocialismo alemán fueron los tres fascismos con mayor apoyo popular a nivel mundial, superando incluso al fascismo italiano antes de su llegada al poder. En occidente, sin embargo, o no arraigó (Francia, Reino Unido) o debido a su raquitismo crónico terminó siendo suplantado por la derecha radical autoritaria, caso de España. Destacaremos de este modo varios bloques: En primer lugar, los fascismos fuertes, los que realmente tuvieron arrastre popular, aparte del alemán y el italiano, que fueron: Hungría (las Cruces Flechadas), Rumania (la Guardia de Hierro), y la interesante experiencia fascista austriaca. En segundo lugar haremos una breve descripción de las dos grandes potencias occidentales de Europa, que no llegaron a desarrollar fascismos importantes en su seno: Francia, una galaxia de partiditos fascistas sin importancia en la que destacó el Partido Popular Francés de Doriot; y el Reino Unido, dominado por el British Union of Fascists (BUF) de Oswald Mosley. En tercer lugar, atenderemos al caso del fascismo español, que no logró llegar a una fase de maduración adecuada debido a que fue ahogado y suplantado por una dictadura conservadora. En cuarto lugar, otro caso peculiar: Rusia y el nacionalbolchevismo. Y finalmente, una visión general de otros fascismos menores en Europa y el mundo.

El discípulo aventajado: la Cruz Flechada

El Partido de la Voluntad Nacional, más conocido como Movimiento Hungarista o la Cruz Flechada, fue uno de los movimientos fascistas de más tardío origen y más éxito electoral. Nació en el año 1935 a partir de pequeños partidos húngaros de imitación nazi que se fusionaron bajo el liderazgo de un ex militar, Ferencz

Cartel de propaganda del Partido Hungarista o Cruz Flechada. En los carteles de tendencia fascista se destaca sobremanera el vigor, la fuerza y el dinamismo. Son obras destinadas a impactar.

Szálasi, cuyo carácter populista le granjeó las simpatías de todos los sectores de la sociedad. Los inicios del movimiento se vieron favorecidos por el fallecimiento del primer ministro Gyula Gömbös, un hombre que había asumido como propia la transformación del estado en una copia de los modelos fascistas y tras quien se había replegado gran parte de la derecha nacionalista húngara. La repentina muerte de Gömbös dejó huérfanos a sus seguidores, y supuso un freno en el camino que había iniciado hacia el fascismo. El regente y jefe de estado Miklos Horty nombró un nuevo jefe de gobierno más acorde a sus sensibilidades conservadoras, con quien se sumergió en un proceso de involución destinado a terminar con los cimientos de fascismo que el anterior gobernante había empezado a desarrollar, pero sin destruir las prerrogativas autoritarias del estado. De esta forma, Horty y Kálmán Darányi restablecieron una semidictadura conservadora con apariencia parlamentaria y los partidos de izquierda prohibidos. La situación de inestabilidad general y la insatisfacción generada por el retorno a las viejas recetas hizo que un importante contingente de nacionalistas radicales, que con Gömbös habían contribuido a la estabilidad del régimen, girara su vista al nuevo partido de Ferencz Szálasi. El Movimiento Hungarista se había convertido en un polo de atracción de muchas personas y colectivos disconformes con la actitud del gobierno. Además de los apoyos del nacionalismo y de los miembros de los más de cien antiguos grupos nacionalsocialistas que habían engrosado sus filas, el nuevo partido supo liderar las reivindicaciones sociales de los campesinos empobrecidos por encima de los partidos de izquierda, quienes después de la nefasta experiencia del régimen de los consejos de Bela Kun habían quedado socialmente desacreditados y políticamente perseguidos. A falta de una izquierda solvente, en Hungría fue el fascismo quien canalizó estas protestas, como ocurrió en el caso de los Cruzados de las Guadañas, unas hordas campesinas cuyo símbolo eran dos guadañas cruzadas, que aunaban muy confusamente un exacerbado imperialismo magiar con la exigencia de la reforma agraria.

El Partido de la Voluntad Nacional adoptó los símbolos de las flechas cruzadas y la camisa verde ya tradicionales en el fascismo húngaro y compendió el contenido doctrinal, muchas veces confuso y hasta contradictorio, que hasta entonces habían esgrimido los partidos nacionalsocialistas que le precedieron. Hasta qué punto el compendio se convirtió en un cuerpo doctrinal sólido o se quedó en una suma de aportaciones más o menos engarzadas en un supuesto ideario, no es un asunto que trataremos aquí. Lo que nos importa es destacar que el Movimiento Hungarista combinó una serie de ideas que calaban muy hondo en la sociedad húngara y las sirvió condimentadas con una pizca de misticismo. Y esa fórmula funcionó.

Uno de los pilares del mensaje fascista de Ferencz Szálasi era el antisemitismo, uno de los más feroces de Europa. Sus soflamas contra los judíos, perfectamente equiparables a las de los nazis alemanes, podían parecer exageradas, pero eran compartidas por la mayoría de la población. El antisemitismo era una de las ramas del peculiar biologismo magiar, tributario de la *doctrina del origen turánico*, según la cual Jesucristo fue húngaro. Lógicamente, la raza que había engendrado al hijo de Dios no podía conformarse con llevar una vida amorfa en el concierto racial mundial, ¡qué va! Estaba destinada a grandes designios, el primero y principal era regir el futuro de los pueblos subordinados que lo rodeaban. Un desatino que el Movimiento Hungarista tradujo en la proposición de construir una federación de pueblos autónomos en Europa oriental bajo la férula de los magiares, una etnia diferente a la de los eslavos que lo rodeaban y netamente superior. Como todos los movimientos biologistas, el hungarismo se construyó pasando por la batidora mitología y tradiciones populares que dieron como resultado una especie de religión nacional cargada de mitos, ceremonias y mixtificaciones en los que el líder adquiría un papel casi sacerdotal. Una nueva creencia mística que combinaron sin ningún rubor con el cristianismo, definiéndose como tales, para acto seguido proclamar la revuelta campesina y despotricar contra el gran capital.

El antisemitismo se convirtió en uno de los elementos esenciales del fascismo de la Europa central y oriental. En la foto, cartel antisemita húngaro.

Ferencz Szálasi aprovechó la insatisfacción del numeroso campesinado húngaro para atraérselo por medio de encendidos discursos contra los terratenientes, quienes solamente podían esperar de su movimiento la expropiación completa y el reparto de sus tierras. Sin embargo, escarmentado por la experiencia comunista de 1918, Szalasi repudió la nacionalización, una de las medidas del gobierno de Bela Kun que más descontento provocó en las capas desfavorecidas. Pese a todo, las Cruces Flechadas destacaban en su programa la nacionalización de grandes empresas y algunos de los sectores clave de la economía. Como los nazis y los fascistas, rechazaron de pleno los tratados de paz que habían perjudicado muy seriamente a su país, quitándole tres cuartas partes de su territorio y población, de manera que había ahora más húngaros fuera de Hungría que dentro de ella. Esta era, sin embargo, una reivindicación que compartían todos los grupos políticos. No en vano los quince primeros años de la república y la regencia se vieron oscurecidos por la presencia en hogares, jardines y centros oficiales de banderas negras que recordaban la amputación sufrida por Hungría en el Tratado de Trianon.

Para la regencia, el creciente éxito popular y el apoyo y simpatía de los sectores nacionalistas del país hacia las Cruces Flechadas suponían, al mismo tiempo, una peligrosa competencia y una irritante oposición. Horty no era capaz de contrarrestar el efecto social de las constantes críticas de las que era objeto por parte de Szalasi, ni de igualar la fastuosidad de sus exaltadas manifestaciones de patriotismo magiar (que no solo húngaro, matiz racial). El estado se encontraba ante un verdadero partido de oposición que había tomado cuerpo y que crecía a ojos vista, en extensión e influencia, tanto en la Hungría rural como en los barrios obreros de Budapest. Al gobierno no le quedó más remedio que intentar destruir a aquel coloso por los medios que tenía a su alcance, de forma que lo prohibió varias veces sin demasiado éxito. En 1938 Szalasi fue juzgado y encarcelado por conducta peligrosa para el estado y subversión pública, lo que le supuso dos años de condena que le forzaron a experimentar el gozo del triunfo electoral en prisión. A pesar de las trampas que dieron la victoria a la candidatura del gobierno, en las elecciones de 1939 el partido del presidiario Szalasi logró treinta y un escaños, 750.000 votos de entre un total de dos millones de electores. Esto supuso un gran triunfo y la certificación de que una parte muy importante de la nación estaba con ellos. Probablemente en unas elecciones limpias habrían sido la fuerza más votada. Habían barrido y se convertían definitivamente en la oposición de referencia en Hungría, con el supuesto apoyo del partido nacionalsocialista alemán, que al final de la guerra sabría jugar la baza de las Cruces Flechadas en su favor.

El terrorismo místico: la Guardia de Hierro

Se ha dicho que el terrorismo es el recurso de los oprimidos. No entraremos aquí a valorar semejante frase. Simplemente habrá de señalarse que la historia de la Guardia de Hierro se asemeja más a la de un grupo terrorista apoyado por las masas campesinas que a un auténtico partido político. Cometieron una horrenda serie de atentados de los que no se arrepintieron jamás; asesinaron a policías, miembros del gobierno, ciudadanos anónimos… sin perder un ápice del apoyo popular que los alimentaba hasta convertirse en la tercera fuerza política más importante de Rumania. ¿Por qué? Quizá un intento de respuesta más o menos válido sea que para aquellos empobrecidos agricultores de la vieja Rumanía, la Guardia de Hierro mostraba una cara bien diferente. En el imaginario colectivo de aquellos hombres y mujeres, la Guardia de Hierro o Legión de San Miguel Arcángel (la primera era el brazo armado de la segunda, pero es un lugar común utilizar ambas denominaciones para el mismo movimiento) era una especie de ejército heroico bajo las órdenes de un misterioso jinete que al modo de un moderno Robin Hood aparecía de vez en cuando para dar un pequeño discurso y volverse a marchar. Tras de sí dejaba a un gran número de hombres que voluntaria y gratuitamente desarrollaban labores de reparación y construcción de diques, puentes o iglesias, sustituyendo al estado que había descuidado a la Rumanía rural. El campesino analfabeto mayoritario en el país consideraba amigos a los legionarios, en contraposición con el enemigo estatal que se escondía detrás de una cortina de policías y cobradores de impuestos. Codreanu, el jinete que dirigía a aquellos esforzados trabajadores, se convirtió en una imagen mítica que llegó a ser adorada casi como la de un enviado divino; y en cierto modo, eso es lo que él pensaba de sí mismo. Profundamente religioso hasta llegar al misticismo, Codreanu había fundado la Legión de San Miguel Arcángel en el año 1927 como una especie de secta místico-política que puso bajo la advocación del susodicho arcángel. Su programa se caracterizaba por un vacío casi total, a excepción de tres puntos, a saber: un antisemitismo radical, que al igual que en caso alemán y húngaro había sido muy poderoso dentro del nacionalismo rumano; había que eliminar a los judíos literalmente, era una cuestión de mera supervivencia nacional. En segundo lugar, el nacionalismo radical, y en tercero la exaltada religiosidad cristiana ortodoxa. Una religiosidad compartida por la generalidad del campesinado rumano, gracias a la cual ganó puntos en el medio rural. La Legión nació como un grupo ultrarreligioso que logró armarse lo suficiente para quitar de en medio todo lo que sonara contrario a la revolución nacional legionaria. Este era su objetivo, y el terrorismo su método. Codreanu ya tenía experiencia en esas lides, puesto que en 1924 había sido juzgado por el asesinato de un prefecto de la policía, un suceso del que dijo no arrepentirse, declarando con orgullo que lo había hecho en defensa de la nación rumana. Ya para entonces eran muy conocidas sus favorables opiniones en torno a la aniquilación completa del pueblo judío.

La Legión se organizó sobre unos extraños cultos pseudorreligiosos centrados en el sacrificio. La vida es sacrificio, es un valle de lágrimas. Es martirio. El hombre no vale nada en comparación a la colectividad nacional, por la cual debe de dar hasta la última gota de su sangre o de la de los demás. Las ceremonias de la Legión eran cerradas. El último en aparecer era el propio Codreanu, montado en su caballo blanco con gesto teatral. Acto seguido se abría la ceremonia religiosa ortodoxa que iniciaba una serie de ritos inventados, entresacados de la tradición cristiana y rumana, en las que el culto a la muerte se convirtió en una obsesión. El rito de admisión de nuevos legionarios consistía en un horrible conglomerado de pasos entre los cuales destacaban la obligatoriedad de que los neófitos sorbieran la sangre de los compañeros, haciendo voto de amarlos y matar sin titubeos a cualquiera si se le ordenaba hacerlo. Firmaban estas promesas con su propia sangre. Después se les daba una bolsita de tierra mezclada con sangre que debían llevar toda la vida colgada al cuello. Este misticismo exacerbado ha llevado a algunos estudiosos a comparar a este peculiar grupo fascista con una secta religiosa, mientras que otros han querido ver en él un componente anarquista derivado de su lucha antisistema contra el estado y su ideal de una sociedad campesina autogestionada.

Los atentados de la Guardia de Hierro llegaron a su paroxismo con el asesinato del secretario de estado Angelescu, lo que obligó al gobierno a endurecer su política; prohíbe el partido al tiempo que comienza un proceso de persecución que terminó con los principales líderes de la Legión encarcelados. El partido fue varias veces ilegalizado y otras tantas surgió de nuevo con distinta denominación hasta que en las elecciones de 1932 lograron acceder al parlamento. El voto rural fue decisivo para este salto de calidad, allí era donde tenían sus bases y de donde procedía la mayor parte de los legionarios. De esta manera Codreanu ganó un prestigio creciente día a día, y se rodeó de un importante número de fieles radicalizados que no dudaban en disparar ni siquiera a los miembros de su propio partido que Codreanu señalaba como desviacionistas. Este fue el caso del legionario Stelescu, acribillado a tiros en plena calle, cuyos asesinos fueron honrados como héroes.

La reacción gubernamental no fue suficiente para suavizar el ataque terrorista legionario. En diciembre de 1933 la Legión asesinó al primer ministro Ion Duca y eso ya fue demasiado. El gobierno tomó cartas en el asunto de manera muy severa organizando una fuerte represión que disolvió de nuevo al partido y volvió a poner a Codreanu y sus fieles con los huesos en el calabozo. Sin embargo, no consiguió reducir la influencia legionaria, que bajo la nueva denominación de *Todo por la Patria* logró asentarse como el tercer grupo político más importante del país. En un ambiente atenazado por las bombas y los asesinatos políticos, el 18 de febrero de 1938 el rey Carol II decide romper con el parlamentarismo limitado e imponer su propia dictadura. El Parlamento quedó disuelto y se promulgó una nueva Constitución de corte autoritario que concentraba los poderes en el rey. Todos los partidos fueron ilegalizados a excepción del recientemente creado Frente del Renacimiento Nacional, que se configuraba como partido único. Una vez concentrado y asegurado el poder, Carol II desató una feroz persecución contra los legionarios que finalizó con la detención de miles de de ellos, entre ellos Codreanu, condenado a diez años de trabajos forzados.

A falta de Codreanu, Horia Sima se convirtió en el nuevo dirigente legionario. El nuevo líder, fiel a los métodos de su organización, ideó un atentado para impresionar al gobierno y pedir la liberación de su líder. Codreanu sabía que el gobierno estaba buscando una excusa para ejecutarle, así que pidió a Sima que no hicieran nada. Sin embargo, el atentado no tardó en llegar: el 24 de noviembre del mismo año, el rector de la universidad de Cluj fue tiroteado a quemarropa dentro de una campaña terrorista en la que también se atentó contra el Teatro Nacional de Timisoara, con un resultado de quince muertos y ochenta heridos. Días después, el rey ordenó la ejecución de Codreanu y sus compañeros.

A pesar del duro revés que había sufrido, la Legión aún no estaba derrotada. Un año después, el ministro de interior cayó acribillado por las balas legionarias. Sin embargo, la persecución gubernamental no se suavizó y tras una serie de caídas la Guardia de Hierro quedó seriamente debilitada. Sima y otros muchos legionarios escogieron el camino del exilio, pero siempre se mantuvo un pequeño movimiento legionario en el interior.

Corneliu Zelea Codreanu, líder de la Guardia de Hierro rumana, se rodeó de un aura de espiritualidad tan denso que en muchas zonas rurales del país los campesinos lo tomaban casi como a una divinidad.

A la sombra de dos gigantes: el fascismo austriaco

En la época de entreguerras a Austria le tocó en suerte convertirse en el tablero sobre el que las dos potencias fascistas gobernantes dirimieron sus desavenencias. Dentro de su territorio se desarrollaron graves enfrentamientos entre el fascismo italianizante del canciller Dollfuss, apoyado por las milicias de las Defensas Patrióticas (Heimwehr), contra un estilo de fascismo nuevo representado por el partido nazi austriaco. Ya hemos señalado que el nacionalismo alemán reivindica a Austria como parte incontestable de la nación alemana. El NSDAP austriaco era pues una de las secciones regionales del partido de Hitler cuyo principal objetivo era lograr el *anschluss*, esto es, la incorporación a Alemania. Lo que se había planteado con toda su crudeza en aquella Austria recientemente desmembrada no era únicamente la lucha por el predominio de una versión del fascismo sobre la otra, sino una verdadera guerra por la independencia o la incorporación. El hecho llamativo es que, por la época que tocaba o por su situación geográfica (al norte la Alemania nazi y al sur la Italia fascista), las dos aspiraciones fueron abanderadas, no por los partidos democráticos, sino por los fascismos, el soberanista de Dollfuss y las Defensas Patrióticas, y el anexionista o integracionista de los nacionalsocialistas. No debemos caer, sin embargo, en la trampa de pensar que los defensores de la incorporación alemana eran una especie de traidores a Austria; muy al contrario, al reconocerse como colectividad de lengua y cultura alemana consideraban que Austria era un *land* alemán que por avatares de la historia había quedado fuera del estado-nación que le correspondía. El nacionalismo germano era una corriente muy extendida en la Austria de entreguerras, tanto que incluso el canciller Dollfuss llegó a barajar la posibilidad de la integración en caso de que los nazis abandonaran el gobierno de Berlín. Es un hecho que el estado corporativo cristiano de Dollfuss consideraba que después de la toma nazi del poder en Alemania, era Austria el estado que conservaba las verdaderas esencias de la cultura alemana.

Engelbert Dollfuss se hizo cargo del gobierno austriaco a partir de 1932, evolucionando rápidamente desde sus originales posturas socialcristianas a la construcción de un estado corporativo católico inspirado en la Italia de Mussolini. Integró dentro del ejecutivo al movimiento de las Defensas Patrióticas, dándoles tres carteras ministeriales, lo que aumentó más la impronta fascista del estado. Las Defensas eran grupos fundados en 1919 al socaire de los Fascios Italianos de Combate. Desarrollaron una confusa teoría política con ribetes parafascistas y antisocialistas hasta que en 1930 se definieron completamente en el Programa de Korneuburger, por el que adoptaron la estructura y el ideario propios del fascismo italiano. El movimiento tomó como modelo a los escuadristas italianos, era independiente y organizó desde algaradas callejeras hasta intentonas golpistas, como la de Estiria de 1931. La inclusión de las Defensas en el gobierno socialcristiano de Dollfuss, a priori más moderado, aseguró al nuevo canciller el control sobre una milicia violenta y un buen apoyo parlamentario para llevar a cabo las reformas necesarias de cara a reforzar el poder estatal. Las Defensas pasaron así de ser un grupo parapolítico y paramilitar independiente a transformarse, a efectos prácticos, en una fuerza de choque gubernamental contra el socialismo —el partido socialista de Austria era uno de los mejor organizados de Europa— y contra los nazis del NSDAP, que habían logrado un 16% de los votos y se habían convertido en una de las fuerzas políticas más poderosas del país. Las Defensas actuaron con brutalidad contra ambos enemigos. A cambio, el régimen fue evolucionando rumbo a un fascismo calcado al de Mussolini, tal y como deseaban los miembros de las Defensas Patrióticas. Una de las primeras acciones del gobierno Dollfuss fue la ilegalización y persecución de nazis y socialistas; posteriormente se prohibieron el resto de los partidos y el parlamento se transformó en una cámara representativa de las corporaciones. Finalmente, Dollfuss funda un partido único: el Frente Patriótico. El nuevo estado autoritario se puso bajo la protección de Italia y se reforzó la presencia del catolicismo en el país, en claro desprecio por aquellos demonios nazis, con quienes no simpatizaba nada por considerarlos integracionistas, bárbaros y descreídos.

A pesar de la dura represión, el partido nazi tenía dinero, un importante apoyo popular y un gobierno alemán dispuesto a todo que le cubría las espaldas. Era mucho bagaje como para abandonar sus aspiraciones a las primeras de cambio. Las Defensas Patrióticas se tuvieron que emplear a fondo contra los nazis, que no dejaban de atosigar al gobierno a base de disturbios callejeros y ruidosas manifestaciones que siempre terminaban en batalla campal. Para los nazis era de pura lógica el hecho de que Austria debía de formar parte de Reich alemán. El 25 de julio de 1934, los nazis austriacos dieron uno de sus golpes más efectistas contra el régimen. Aunque el objetivo de derrocar al sistema no prosperó, lograron desestabilizarlo lo suficiente como para generar un escenario de psicosis que reforzó las presiones de Berlín para lograr la tan deseada incorporación. Vestidos con uniformes de la Defensa Patriótica, un grupo de nazis consiguieron tomar la emisora más importante del país, Radio Viena. Al mismo tiempo, otro grupo de nazis, fuertemente armados y también disfrazados con uniformes de la Defensa, entraron a la cancillería tomando como rehenes al canciller y a altos mandos de la seguridad y del gobierno. Los asaltantes de Radio Viena anuncian la caída del gobierno Dollfuss y la instauración de un régimen nazi. Sin embargo, Dollfuss pretende escapar y muere en el intento, acribillado a tiros por sus secuestradores. Finalmente, los asaltantes nazis pudieron ser reducidos y el golpe quedó frustrado. La noticia del asesinato del canciller de Austria horrorizó al mundo y sirvió como advertencia para los más avisados de que los nacionalsocialistas no se detendrían ante nada para lograr sus objetivos. Los asaltantes fueron ejecutados y se inició una durísima reacción antinazi que condujo a la cárcel y al patíbulo a un buen número de integrantes del partido. Sin embargo, los nazis ahora daban más miedo que antes. También al gobierno.

A Dollfuss le sucedió en el cargo Kart von Schuschinigg, quien, al igual que ocurrió en Hungría tras la muerte de Gömbös, desarticuló el armazón fascista de su predecesor en dirección a un sistema de derechas conservador autoritario. Después de los terribles acontecimientos que llevaron a Schuschinigg a ocupar la jefatura del gobierno, parecía que las aguas volvían a su cauce. Por esta razón, en 1936 las Defensas fueron suprimidas y su dirigente, Starhemberg, relevado del cargo de vicecanciller. Schuschinigg no renunció a la protección italiana, y de hecho intentó reforzarla de distintos modos, pero su alejamiento del modelo italiano, sumado al acercamiento ítalo-alemán, dejó a Austria sin protección. Después de unas breves conversaciones, las potencias fascistas llegaron a un acuerdo de principios por

Kurt von Schuschinigg fue el sucesor de Dollfuss tras el asesinato de este a manos de agentes nazis. Schuschnigg tuvo que aceptar, en 1938, la incorporación de Austria al Reich alemán y su posterior encarcelamiento.

el que Italia dejó de considerarse garante de la independencia austriaca, aceptando una hipotética anexión de Austria a cambio de la renuncia nazi a los territorios del sur del Tirol que Italia había incorporado después de la Primera Guerra Mundial. A partir de aquel acuerdo, Hitler se vio con las manos libres para exigir a Schuschinigg la entrega de Austria, prorrumpiendo en graves amenazas de invasión si no lo hacía. El nazi invocó el derecho de autodeterminación, reconocido en la Carta de la Sociedad de Naciones, para demostrar la justicia de su pretensión y desarrolló una gran campaña publicitaria consistente en discursos, manifestaciones callejeras y amenazas varias, para obligar al gobierno austriaco a mover ficha. La atmósfera se tornó tan irrespirable que, finalmente, Schuschinigg accede a reunirse con Hitler, quien le asegura que si no accede a sus deseos, está dispuesto a rebasar la frontera por la vía militar. El austriaco no puede más que negociar un acuerdo por el que se obliga a amnistiar a los nazis de su país y a introducirlos en el gobierno. Con el jefe de los nazis austriacos como ministro de interior, las actividades del nazismo se vieron favorecidas desde el mismo gobierno. Aquello fue la puntilla que empujó a Schuschinigg a dimitir. Le sustituyó interinamente el ministro nazi de interior, Seyss-Inquart, quien siguiendo estrictamente las órdenes emanadas desde Berlín, abrió las fronteras al ejército alemán. Tras un referéndum amañado, Austria se incorporó a Alemania.

El fascismo disgregado: Francia

Francia no logró estructurar un fascismo fuerte en su seno. A pesar de que ha sido considerada por muchos como la nación en la que surgió la idea fascista, el fascismo francés pertenece más al ámbito de las elucubraciones de teóricos particulares que a un auténtico movimiento de masas. Ni una sola de las organizaciones presumiblemente fascistas del hexágono fue capaz de calar suficientemente en la sociedad como para evolucionar en dirección a un partido de masas. Existieron, eso sí, numerosísimas agrupaciones que reivindicaban ese nombre, la mayoría más conservadoras que otra cosa, que aplicaron un barniz superficial a sus viejos planteamientos políticos debido al gran atractivo que el fascismo ejercía en importantes sectores de la derecha europea. Igualmente ocurrió en España con la Confederación Española de Derechas Autónomas (CEDA) de Gil Robles, que a pesar de ser profundamente conservadora se vio atraída por la puesta en escena del fascismo italiano. De entre estas organizaciones, la que más relieve adquirió fue la de las *Croix de Feu* (Cruces de Fuego). Nacieron en 1927, como grupos de excombatientes sin un ideario específico que fueron evolucionando, bajo el liderazgo de François de la Rocque, hacia posturas parafascistas de derecha radical. Se organizaron en milicias con entrenamiento militar y llegaron a hablar de una *Marcha sobre París*. Sus formas se basaban en el fascismo italiano, del que de la Rocque se declaró admirador, muy al contrario de la triste opinión que le merecía el nazismo. Sin embargo, las Cruces de Fuego no pasaron de ser un grupo de derecha radical con pretensiones fascistas. En 1936, y como resultado del acceso al poder del Frente Popular, León Blum prohibió la existencia de estas ligas paramilitares, de manera que las Cruces de Fuego fueron suprimidas y sustituidas por un partido político al modo tradicional, el Partido Social Francés, fundado por el alma de las Cruces, François de la Rocque. El partido ya había evolucionado hacia un planteamiento ciertamente fascista, aunque con un aspecto tan moderado, tan respetable y tan republicano, que casi no lo parecía. Este hecho le acarreó un éxito electoral notable en comparación a otros partidos de tendencia similar.

Además del Partido Social Francés, más moderado que las Cruces de Fuego en las formas, aunque probablemente más fascista en el fondo, en el panorama político fascista francés de entreguerras surgieron dos líneas de cierta relevancia, a saber: el neosocialismo de Marcel Déat y el Partido Popular Francés de Jacques Doriot. Ambas figuras, cada una por su lado, tienen su origen en las filas de la izquierda. Los neosocialistas de Déat se escindieron del Partido Socialista en el Congreso de Avignon (1933), por discrepancias con la línea política poco nacionalista que mantenía el partido. Esta causa de escisión nos es sobradamente conocida: la *ecuación fascista*. Como el resto de escisiones similares en otros partidos y naciones, los neosocialistas de Marcel Déat trataban de llegar a un equilibrio entre nacionalismo y socialismo, a la búsqueda de lo que ellos llamaban *socialismo nacional*. Jacques Doriot, por su parte, había sido alcalde de Saint-Denis por el Partido Comunista, miembro del Comité Central, diputado y jefe de las Juventudes Comunistas de Francia. Al igual que en el caso anterior, su enojo por la dependencia política del comunismo francés del PCUS y su ferviente nacionalismo provocaron la ruptura. En 1936 fundó el Partido Popular Francés, un partido de base obrera con cierta implantación en el cinturón industrial de París. Los postulados del PPF coincidían punto por punto con los del fascismo genérico, sin embargo sus declaraciones a favor de una descentralización administrativa (sorprendente en Francia, más aún viniendo de una agrupación de corte autoritario) y el pacifismo chocan mucho con la mayoría de fascismos. El PPF no fue capaz de hacer notar su influencia más que en los suburbios de París, cosechando un rotundo fracaso en el resto del país. Y es que la enemistad francesa con Alemania hizo que los partidos fascistas cayeran en un grave descrédito, por que a pesar de confesarse muy patrióticos, estaban en relaciones con el enemigo, y eso no daba buena imagen. De esta forma, fue la derecha radical y no el fascismo, la corriente política que más se benefició de la confianza electoral de los franceses más rabiosamente nacionalistas. El gran drama del fascismo galo fue que no supo unirse en un bloque electoral único, prefiriendo la pureza doctrinal particular de cada partidito y, en consecuencia, la disgregación.

El fascismo aristocrático: la British Union of Fascists (BUF)

Al contrario de lo que ocurrió en Francia, en el Reino Unido sí que existió ese partido fascista aglutinante del que hemos estado hablando. Se llamó British Union of Fascists (BUF), y fue fundado en el año 1932 por sir Oswald Mosley, un producto clásico del snobismo de las clases altas de Inglaterra. Después de un primer flirteo con el Partido Conservador que por su posición social parecía corresponderle, Mosley ingresó en el Partido Laborista. Ocupó puestos de importancia dentro de las estructuras del partido y del propio gobierno británico (fue ministro en el Gabinete de MacDonald), llegando a ser muy apreciado por la dirección. Y aunque repudió la hipocresía de linaje, nunca dejó de comportarse con la etiqueta y corrección de un *lord,* un hecho que lo diferenciaba demasiado del resto de sus compañeros. El joven aristócrata se fue girando hacia postulados cada vez más radicales que le llevaron a distinguirse, por su profundo desacuerdo con la línea mayoritaria del partido, en una serie de asuntos que comenzaron a ser epidérmicos, pero terminaron rozando el mínimo aceptable para una organización democrática. Ingresó en el Independent Labour Party, la rama más extremista del partido, pero sus discrepancias continuaron inamovibles, de manera que rompió con él para formar un partido diminuto y de corta vida, el New Party (1931). A través de esta pequeña agrupación política Mosley perfiló un ideario pseudofascista de gran contenido económico por el que reivindicaba una política de autarquía imperial; esto es, propugnaba mantener el grueso de las relaciones comerciales británicas dentro del Imperio. Se mostraba también partidario de la realización de obras de ingeniería, aunque resultaran deficitarias, a fin de encauzar el paro creciente. Su opinión política se estaba girando en un sentido social-autoritario, llegando a proponer la idea de organizar una especie de gobierno con poderes semidictatoriales que funcionaría hasta encauzar los problemas de la economía británica. El eje que movía los postulados políticos de Mosley era, al contrario que en el resto de fascismos, la economía.

Tras una breve visita a Italia, nuestro iluminado aristócrata retornó a su país convencido de que eso era lo que necesitaban en las islas: fascismo. No esperó ni un año para presentar oficialmente su Bristish Union of Fascists (BUF), un conglomerado político que recogió los restos del naufragio de los anteriores proyectos fascistas del Reino Unido, como el British Fascisti o la Imperial Fascist Leage. Aunque el BUF nunca dejó de ser un partido de minorías, su origen generó una importante expectación, tanto por parte de una serie de grupos de presión como el periódico *Daily Mail*, que a priori no veían del todo mal la formación de un grupo así, como por parte de las organizaciones obreras, que sabiendo cómo se las gastaban los fascistas continentales no tardaron en crear comités antifascistas para enfrentarse a ellos cada

Oswald Mosley fue el alma mater del fascismo británico. Fundador del British Union of Fascists (BUF), tuvo que sufrir la pesadilla de liderar un partido de tendencia fascista dentro de un país cuya opinión pública se encontraba cada día más enfrentada a los regímenes de Italia y Alemania.

vez que acudieran a la calle a desfilar o a celebrar actos públicos. Al contrario que en otras latitudes, el BUF no tuvo ningún éxito en su intento de penetrar en los barrios obreros de las grandes ciudades británicas. Cada vez que acudían a celebrar un acto público eran insultados y agredidos por los indignados obreros, y en no pocas ocasiones se vieron en la necesidad de tener que salir de allí escoltados por la policía. Para atajar esta situación, el BUF reforzó su milicia de imitación (copiaron hasta la camisa negra de los fascistas italianos) por medio de un entrenamiento militar muy estricto que les habilitó para hacer las veces de fuerza de choque anticomunista y defensa de sus propios correligionarios. Pronto se convirtieron en una violenta fuerza de choque que no tenía remilgos en penetrar en el East End londinense a organizar batallas campales con los izquierdistas. Este aura de violencia que se estaban ganando a pulso se sumó a los intentos de Mosley por justificar las arbitrariedades del régimen nazi, lo que les restó las pocas simpatías que aún les quedaban. La principal defección fue la del *Daily Mail*, que después de haber publicado editoriales cuando menos complacientes con el BUF, renunció a apoyarlos, relegándolos definitivamente a una marginalidad política de la que nunca saldrían.

El BUF se fue radicalizando más a medida que aumentaba su aislamiento social. Mosley terminó justificando a Hitler en todos sus discursos. Parecía que se había propuesto sacarle la cara frente a una opinión pública marcadamente contraria. Esto, lógicamente no hizo más que ahondar en el aislamiento del BUF. Una situación tanto más grave en cuanto que, en comparación con la mayoría de los fascismos europeos, sus planteamientos políticos resultan tan moderados que muy ajustadamente podemos introducirlos dentro de la definición. Cierto es que desde un templado antijudaísmo inicial terminó alineándose completamente con las tesis de Hitler, y así con todo, pero al fin y al cabo, el fascismo de Mosley no dejaba de ser un fascismo de salón, de cricket y de té con leche y galletitas de mantequilla. Sentía un profundo espanto por la guerra, era más defensista que imperialista y simplemente buscaba un mayor desarrollo de la economía británica mejorando la situación de los obreros. Su fascismo no es fantástico ni mitológico, sino un modelo de mejora económica acoplado a un antiparlamentarismo profundamente sentido desde su experiencia política con aquellos a quienes tildaba de *old gang* (vieja banda). El partido no contó con el apoyo de las clases altas ni de las bajas, y fue perdiendo militancia a medida que la guerra contra las potencias fascistas comenzaba a perfilarse cada vez con contornos más claros. A las puertas de la Segunda Guerra Mundial el 90% de sus afiliados lo había abandonado, y Mosley tuvo que lidiar con los rufianes que seguían en el partido para justificar de alguna manera las palizas que sin ideología alguna les gustaba repartir. Cuando comenzó la guerra, Mosley fue considerado como elemento peligroso y enviado a prisión.

El fascismo suplantado: Falange Española de las Juntas de Ofensiva Nacional Sindicalista (FE de las JONS)

La primera asociación plenamente fascista que existió en España fueron las Juntas de Ofensiva Nacional Sindicalista (JONS), fundadas a partir del grupo directivo de *La Conquista del Estado,* una revista que trataba de realizar un análisis semanal de la actualidad política con ciertas concesiones a la literatura dentro de un marco de pretendido radicalismo obrero y nacionalista. Durante su corta vida —el año 1931—, se caracterizó por abominar tanto del régimen monárquico como del republicano, considerándolos a ambos sostén del vetusto sistema liberal-parlamentario que había que derrocar. A partir de octubre, las JONS se convirtieron en el partido político resultante de la puesta en práctica de las ideas del semanario y Ramiro Ledesma su líder indiscutible.

Dos años más tarde, otro partido político de corte fascista hizo acto de presencia en el panorama político español: Bajo el mando de José Antonio Primo de Rivera, hijo del que fuera dictador durante los últimos años del reinado de Alfonso XIII, se presentó en el Teatro de la Comedia de Madrid la Falange Española (octubre de 1933). Al acto de presentación fueron invitados los líderes de las JONS, quienes, animados por las semejanzas de ideario entre ambos partidos, comenzaron un proceso de entrevistas de cara a una posible unificación. La fusión se aprobó en 1934 con las reticencias del sector más obrerista de las JONS, que advirtió de que el grupo de Primo de Rivera presentaba unos tintes reaccionarios y conservadores que no terminaban de encajar con el jonsismo, un movimiento que desde sus orígenes ha buscado caminar por la línea proletaria de la política española. Este hecho produjo una pequeña defección en las JONS que no evitó la unificación con los falangistas. El nuevo partido se llamó *Falange Española de las Juntas de Ofensiva Nacional Sindicalista* como combinación de las denominaciones de cada formación política representada. El acto fundacional se celebró en el Teatro Calderón de Valladolid, donde fueron presentados el ideario, la estructura y los dirigentes del nuevo partido, que adoptó de JONS el emblema del yugo y las cinco flechas y los colores rojo y negro, de inspiración anarcosindicalista. FE de las JONS quedó organizada bajo el mandato supremo de un triunvirato compuesto por dos falangistas (José Antonio Primo de Rivera y Julio Ruiz de Alda) y un jonsista (Ramiro Ledesma). Las relaciones personales entre Primo de Rivera y Ledesma se fueron agrietando prácticamente desde el principio. Mientras que el primero se configuró, *de facto,* como la cabeza del nuevo partido, Ledesma fue perdiendo autoridad y se quejaba amargamente de la pérdida de ese halo proletarizante que había caracterizado a las JONS desde su fundación. Estas diferencias generaron un ambiente enrarecido en el seno del partido que desembocó en la ruptura. En octubre de 1934 se decidió adoptar un mando único, disolviendo así la antigua fórmula del triunvirato dirigente. El *caudillo* escogido fue Primo de Rivera, otorgando al fundador de las Juntas el cargo de presidente de la junta política. Pero la suerte estaba echada, y en enero de 1935, Ramiro Ledesma, junto a unos pocos seguidores decide abandonar la disciplina de FE de las JONS para iniciar una aventura por separado que terminará en el ostracismo más absoluto.

Falange Española de las JONS se convirtió así en el partido fascista de referencia en España. Primo de Rivera, que se reconocía como un ardiente admirador de Mussolini, intentó implantar sus modos y actitudes en su país sin demasiado éxito. La Falange de Primo de Rivera nunca pasó se ser una pequeña anécdota política especializada en recolectar fracasos electorales. Para salir de su insignificancia y aparecer en la prensa, la Falange creó una milicia violenta copiada de Italia cuyo uniforme de camisa azul se inspiró en el mono de trabajo los mecánicos, símbolo del proletariado. Sus consignas eran claras: armar jaleo, darse a conocer. Y amenazar, acosar e incluso asesinar a socialistas y comunistas, símbolo del marxismo disgregador. Por esta razón, cuando los militares se levantaron contra la república, en seguida se pusieron a su disposición. La guerra aportó a la Falange una cantidad ingente de nuevos militantes que la hicieron crecer exponencialmente hasta convertirse en el partido más fuerte de la España nacionalista. Tras la muerte de Sanjurjo y Mola, un general conservador sin militancia política llamado Francisco Franco se convirtió en el líder de los sublevados. Franco no estaba dispuesto a permitir que la Falange se convirtiera en una amenaza para la España que estaba diseñando, de manera que el 19 de abril de 1937 promulgó su famoso decreto de Unificación, por el que quedaron abolidos todos los partidos de la España nacionalista, creándose uno nuevo, como fusión de la Comunión Tradicionalista y FE de las JONS: Falange Española Tradicionalista de las Juntas de Ofensiva Nacional Sindicalista (FET de las JONS). El partido será fascista en las formas y tradicionalista en los contenidos, sancionando el poder del ejército, el capital y la iglesia católica y convirtiéndolos en los tres pilares sobre los que se construirá la dictadura personal, autoritaria y corrupta del *Caudillo*. Las bases de ambos partidos aceptaron sin dificultad los hechos consumados y se entregaron a FET con fidelidad; no en vano eran derechistas sin mayor ideología que se unieron a estos movimientos para luchar contra la república. Sin embargo, el decreto disgustó profundamente a las direcciones falangista y tradicionalista. Tanto unos como otros protestaron, pero no había nada que hacer. Eso o la proscripción. A Javier de Borbón Parma, cabeza de los tradicionalistas, se le prohibió la entrada en España mientras que su jefe ejecutivo, Manuel Fal Conde, ante la tesitura del exilio o el consejo de guerra, escapa a Portugal. Por su parte, Manuel Hedilla, líder de Falange en sustitución del fallecido Primo de Rivera (fusilado al inicio de la guerra), no aceptó el cargo que Franco tenía preparado para él y fue detenido, sometido a consejo de guerra y condenado a muerte. La acusación a la que se enfrentaron los falangistas y carlistas contrarios al Decreto de Unificación fue la de conspiración. Finalmente, Hedilla fue absuelto de la pena capital, pero fue obligado a pagar su insumisión a Franco con muchos años de cárcel. Franco liquidó así cualquier atisbo de oposición, tanto por la izquierda como por la derecha, desnaturalizó al partido fascista español, vaciándolo de contenido y lo utilizó como instrumento al servicio de su poder. La Falange residual pasó al exilio y a la oposición.

Rusia: ¿fascismo *sui generis*?

La Rusia de los años veinte era un estado en construcción escondido tras un denso andamiaje rojizo. Superada la guerra civil, la muerte de Lenin y las luchas por la sucesión, en los años treinta el comunismo soviético logró asentarse definitivamente en el país y el andamio fue desmontado para dejar a la vista una obra impresionante. La decrépita Rusia de los zares había sido rehecha desde los cimientos con bases sólidas destinadas a durar y una deslumbrante fachada que fue la admiración del mundo. Los bolcheviques no solo se negaban a ser flor de un día, sino que habían construido un estado fuerte que amenazaba en convertirse en una de las mayores potencias del mundo. El Imperio Ruso se transformó en una unión de repúblicas, que además eran socialistas y soviéticas, una denominación que dibujaba un marcado cambio desde la original intención puramente anexionista de los Romanov hacia una clara distinción entre lo que era Rusia y lo demás. Sin embargo, el internacionalismo marxista (superación de las diferencias nacionales, creación de un estado soviético mundial) no permitió desarrollar debidamente la federación, y al final la creación de aquel *homo sovieticus* que transformaría el mundo y forjaría una nueva humanidad, tuvo que adaptarse a los estrechos márgenes de la idea de socialismo en un solo país inspirada por Stalin. El *padrecito* pensaba que había que asegurar la revolución en la URSS, olvidándose de las fantásticas ideas de Trotsky según las cuales se hacía urgente exportarla al resto del mundo para que no se quedara aislada, ya que el comunismo no sobreviviría sin el apoyo de otros países. Según estos postulados, para que la revolución no muriera o perdiera su pureza, confundiéndose con los intereses nacionales de una potencia política, había que fomentar una revolución mundial y permanente. Ilusas o no, las palabras de Trotsky parecían profetizar lo que ya en la etapa de Stalin iba tomando forma aún no del todo conscientemente: el *homo sovieticus* empezaba a parecerse mucho al *hombre ruso* de toda la vida. Aquel compendio de la nueva humanidad liberadora hablaba ruso, no tayiko ni ucraniano. En 1938 el idioma de los zares se convirtió en obligatorio en todos los rincones del Imperio Soviético, de forma que, sin haberlo deseado, el georgiano Stalin continuó la política zarista de rusificación con una eficacia nunca vista, organizando incluso desplazamientos masivos de poblaciones nacionales de un lugar a otro de la URSS en caso de considerarlo necesario. El estalinismo invocaba a la patria soviética ensalzando a los héroes mitificados por la sagrada Rusia anterior a la revolución, uniéndolos en una misma tira con los prototipos del sovietismo. En esta reunión entre las historias rusas anteriores y posteriores a 1917, incluso llegó a asegurarse que la derrota japonesa en la segunda guerra mundial había sido una oportuna venganza por la guerra ruso-japonesa de 1905, en la que la Rusia de los zares se convirtió en la primera potencia europea que perdió una guerra contra una nación extraeuropea. El giro del comunismo soviético hacia posturas netamente patrióticas se debió al descubrimiento de la gran utilidad del uso de la nación como movilizador de masas (*si no lo haces por el socialismo, hazlo al menos por tu patria*), algo que no pasó desapercibido para un buen número de fascistas europeos, que tacharon de fascista o nacionalcomunista al régimen de Stalin. Así lo vio Mussolini, lo vio Niekisch, lo vieron los hermanos Strasser, lo vio el español Ledesma... y ninguno de ellos interpretó negativamente la instauración del régimen de los soviets en el Imperio Ruso. Al contrario, lo consideraron la revolución nacionalista que el pueblo ruso precisaba, su fascismo, y como tal lo trataron. Ello no significa que tuvieran que ver con buenos ojos la expansión del comunismo en sus respectivos países, puesto que interpretaban que suponía una ingerencia de los intereses del fascismo ruso en su territorio. Algunos de ellos llegan más lejos y se muestran partidarios de una especie de estalinismo en su país, con el requisito de independencia y garantía de la grandeza nacional. Al hilo de esto, señalaremos más abajo un buen ejemplo: Ernst Niekisch y el nacionalbolchevismo. Resulta francamente interesante destacarlo, porque no solamente ellos, sino muchos rusos fascistas que lucharon contra la revolución en la guerra civil y tuvieron que tomar el camino del exilio junto a los conservadores y los monárquicos, vieron en

Stalin al líder fascista que con tanto anhelo esperaban, y volvieron a Rusia para ponerse a las órdenes del imperio que se estaba creando bajo la dictadura del georgiano. El retorno de la emigración nacionalista fue mucho más denso que el de socialistas o socialdemócratas, en principio más afines a la ideología de Stalin pero que fueron perseguidos por desviacionismo, mientras que los defensores de la Gran Rusia podían ser de utilidad de cara a cohesionar el socialismo por medio de su identificación con Rusia. La URSS se estaba transformando en un nuevo Imperio Ruso que inspiraba respeto a nivel mundial. Eso era precisamente lo que habían estado esperando los fascistas que tomaron la opción de retornar a su país de origen.

El estalinismo liquidó eficazmente todo germen de oposición. Cualquier sospechoso de una mínima disidencia era represaliado de diversas maneras, ninguna de ellas ciertamente agradable. La oposición solo pudo desarrollarse en el exterior. A nivel interno, los derechistas partidarios de un gobierno fuerte que usara la mano dura para imponer el orden colaboraron gustosamente con el régimen comunista, de manera que no necesitaban arriesgarse a crear ningún partido opositor. No eran monárquicos ni conservadores, eran derechistas y nacionalistas exalta-

Es difícil definir la política de Stalin como fascista. En todo caso, queda una pregunta en el aire: ¿Quizá fue un fascista involuntario?

dos que odiaban el parlamentarismo, y al fin y al cabo el sistema de soviets tenía mucho parecido con el corporativismo que la mayoría de los fascismos adoptaron en imitación al de Mussolini. Los soviets eran asociaciones de trabajadores de cada rama de la producción que daban a conocer al gobierno sus cuitas y reclamaciones, igual que en el fascismo.

Si en el interior el fascismo se encuadró dentro de las estructuras del régimen, en el exterior surgieron varios grupos, los más importantes de los cuales se desarrollaron en Europa, Estados Unidos y Manchuria, donde un interesante grupo de imitación nazi, el Partido Fascista Ruso (PFR), colaboró con el Eje durante la Segunda Guerra Mundial. El PFR no fue más que un títere del Imperio Japonés, dueño del estado de Manchuria. El líder del partido, Konstantin Rodzaievsky no terminaba de ver claro eso de luchar contra su propio país, y al final de la guerra ofreció sus servicios a Stalin. Igualmente, Alexandr Kazem Bek, cabecilla de un grupo fascista llamado Jóvenes Rusos (Mladorossiti) exiliado en Francia, comprendió —o creyó comprender—, que su anhelo de una Rusia imperial y expansionista se lo estaba dando Stalin, y retornó a la URSS para terminar trabajando como agente soviético en los Estados Unidos. En relación con todo esto, resulta procedente sacar a colación la existencia de una corriente fascista denominada nacionalbolchevismo que tiene su origen en la Alemania de entreguerras y a Ernst Niekisch como su principal mentor ideológico. Propugnaba una especie de sovietismo nacional y apostaba por la alianza con la Unión Soviética en contra de las potencias occidentales parlamentarias. El nacionalbolchevismo de Niekisch fue perseguido y derrotado en la Alemania nazi y después de la guerra colaboró activamente en la construcción de la comunista República Democrática Alemana. Actualmente, los partidos fascistas rusos enarbolan la bandera nacionalbolchevique en recuerdo de una idealizada URSS, a la que consideran la etapa más gloriosa de la historia de su país.

Definir como fascista o no a la política y al estado que creó Stalin es algo que compete a un libro más extenso y especializado que este. No podemos realizar aquí un estudio sobre el asunto, así que nos conformaremos con dejar la pregunta en el aire. ¿Fue Stalin un involuntario fascista?

Otros fascismos

El sarampión del fascismo atacó a todos los países de Europa y a algunos de fuera de ella en la época de entreguerras. Hubo agrupaciones de esta tendencia hasta en los lugares más apartados, como es el caso del Movimiento Nacionalista Islandés. La gran mayoría no tuvieron implantación social real y se vieron abocados a sufrir un lento proceso de descomposición. Hubo, sin embargo, aunque minoritarios, algunos que merece la pena que sean destacados.

En Bélgica y Holanda tuvo una pequeña presencia la Federación de Nacional Socialistas de los Países Bajos, un curioso partido cuyo supremo objetivo era restaurar el viejo sueño medieval de un estado lotaringio entre Francia y Alemania que comprendiera los tres estados del actual Benelux y la Borgoña. Por su parte, el nacionalismo flamenco tuvo su traducción fascista en la Federación Nacional Flamenca (VNV), pero el líder más conocido del fascismo belga fue León Degrelle, fundador e inspirador del movimiento *Christus Rex*, con más presencia en Valonia que en Flandes.

Portugal desarrolló un fascismo de corto recorrido político que fue ahogado por la dictadura salazarista. El nacionalsindicalismo de Rolao Preto, tributario en gran parte del fascismo español, no gozó del apoyo del régimen; Salazar nunca escondió su desprecio por el fascismo y durante la Segunda Guerra Mundial simpatizó con los aliados. El nacionalsindicalismo fue engullido por el régimen y Preto se vio abocado al exilio.

El Partido Popular Eslovaco logró canalizar el independentismo a su favor y logró un éxito notable entre el campesinado eslovaco.

La Falange polaca consideró al catolicismo como una de las características nacionales más definitorias de Polonia y lo convirtió en uno de los pilares de su ideario.

En Grecia el nacionalismo ha sido una constante desde el mismo nacimiento del estado. La independencia del Imperio Otomano supuso el inicio de una serie de conquistas que, partiendo del Peloponeso y la Ática iniciales, fueron ampliando territorialmente Grecia hasta convertirse en lo que hoy conocemos. Sin embargo, no logró asentarse un fascismo pleno. El régimen de Metaxas instauró un ceremonial parafascista, pero ni eso ni la admiración personal que el dictador sentía por Mussolini antes de la invasión italiana, lograron sacar a su régimen del *devaneo* fascista.

3

Eficacia germánica

El suicidio de la democracia

El mismo 30 de enero de 1933, al tiempo que Adolf Hitler tomaba las riendas de la cancillería, se puso en marcha un proceso de secuestro del poder que terminaría por convertirse en uno de los ejemplos más acabados de totalitarismo de toda la Historia. Muy al contrario que en el caso italiano, la toma del poder en Alemania respondió a un preciso diseño llevado a cabo por una estructura eficaz y muy fiel al Führer, quien en poco tiempo pasó de ser un canciller más, a transformarse en el origen de todo poder, como guía supremo de los destinos de la nación aria. Pero las diferencias con respecto a la más mediterránea y relajada dictadura de Mussolini no terminan en la velocidad de imposición de una dictadura de caudillaje, sino que el propio término de totalitarismo, acuñado en Italia para encarnar la idea de que todo debe de estar dentro del estado, fue mucho más brillantemente alcanzada en Alemania, un estado que nunca utilizó esta definición. Sobre Mussolini siempre se cernió la sombra del rey, a fin de cuentas jefe del estado y supremo mandatario político y militar; igualmente, en teoría, el Duce estaba obligado a responder ante el Gran Consejo Fascista, una institución suprema habilitada para destituirlo en caso de considerarlo no apto para el gobierno, como ocurrió al final de la Segunda Guerra Mundial. En la Alemania nazi las cosas fueron muy distintas; la dictadura se construyó de manera que era Hitler quien aglutinaba todos los poderes en su persona: a la jefatura del gobierno se le sumó, tras la muerte de Hindemburg en 1924, la del estado. Cubrió también la capacidad legislativa y mantuvo un control férreo sobre los jueces. El Führer no respondía ante nadie a excepción de la nación aria, que es como decir que verdaderamente no respondía ante nadie. Era la autoridad suprema, y su estado una fabulosa obra de dominio completo de una sociedad. El estado se introdujo en los hogares, los puestos de trabajo y los centros de ocio de los alemanes por medio de un inteligente uso de los medios de comunicación nunca visto hasta entonces, basado en los estudios y aplicaciones de manipulación social que desarrolló como nadie la Alemania nazi; también se hizo presente a través de la policía política, la Gestapo, que cubrió el Reich a base de una red de información tan tupida que creó en los alemanes la ilusión de que era omnipresente.

A menos de un mes después de la llegada nazi al poder, el 27 de febrero de 1933, hacia las nueve de la mañana, los bomberos de Berlín recibieron el aviso de que el edificio del Parlamento estaba en llamas. Cuando llegaron ya no había nada que hacer. El edificio estaba ardiendo de arriba abajo, de manera que cuando los bomberos terminaron su labor no quedó del Parlamento más que la estructura. Un ligero vistazo descubrió que el incendio no había sido fortuito, ya que el fuego había tenido origen en diferentes puntos estratégicos. Aquella misma mañana la policía detuvo a Marinus van der Lubbe, un antiguo militante del Partido Comunista holandés. Las autoridades no tardaron en responsabilizar al Partido Comunista como instigador del sabotaje, a fin de iniciar un levantamiento contra el estado para lograr la revolución. Alta traición. Hasta qué punto esta argumentación fue verdaderamente creída por Hitler y los suyos o una simple excusa para extirpar cuanto antes al odiado Partido Comunista del cuerpo político del estado, no lo sabremos nunca, pero probablemente hubo un poco de las dos cosas. Muchos años más tarde, algunos estudiosos del periodo señalaron a los propios nazis de ser ellos quienes lo incendiaron para así tener la excusa perfecta contra el comunismo, pero esto no está del todo claro y hoy se cree que es posible que fuera van der Lubbe, un enajenado mental que llevaba varios años recorriendo Europa sin un destino claro, quien tomó la decisión de incendiar el Parlamento por su cuenta y riesgo, sin ninguna intervención del Partido Comunista. El hecho cierto es que después de un juicio sin garantías, el acusado fue hallado culpable y condenado a muerte, pena que se ejecutó sin tardanza. Como consecuencia, se estableció el estado de emergencia por medio de un decreto por el que se abolían las libertades, se daban poderes al gobierno para prohibir reuniones políticas y se le permitió tomar el control del ejecutivo de los estados federados en caso de considerarlo necesario, una prerrogativa que el gobierno utilizó de manera permanente para centralizar el estado. De esta manera se dejó el campo libre para comenzar una furiosa caza de comunistas por todo el país. El Partido Comunista (KPD) sufrió una tremenda persecución que supuso prácticamente su liquidación a base de arrestos, asaltos de sedes, confiscación de propiedades... Los demás partidos, influenciados por la propaganda gubernamental que acusaba al KPD de golpista, apoyaron al gobierno con su silencio. A pocos días de estos hechos, el KPD fue suprimido. Tan solo protestaron las potencias occidentales, una reacción que contrasta mucho con la de la Unión Soviética de Stalin, que a pesar de que perdía de un plumazo a uno de los partidos comunistas más activos y organizados del mundo, declaró que eran asuntos internos de Alemania que no entraría a valorar. Una peculiar respuesta del país que se suponía que era el representante mundial del comunismo.

El proceso de eliminación de los partidos políticos comenzó con el KPD y pronto se extendió a todos los demás. En marzo de 1933 los nazis habían organizado nuevas elecciones para aumentar su peso parlamentario. Lograron ganarlas gracias a coaliciones forzadas, haciendo uso de la política del miedo, que tan buenos resultados les iba a dar en el futuro. Gracias a esa nueva mayoría, el parlamento votó una ley de emergencia que confería los poderes ejecutivos y legislativos al gobierno por un total de cuatro años. El poder del Parlamento quedaba en manos de Hitler, de manera que podía hacer leyes y decretos a su gusto. Este fue el verdadero suicidio de la democracia. A partir de esta prerrogativa, el gobierno ilegalizó progresivamente todos los partidos políticos, a excepción del NSDAP, imponiendo una dictadura de partido único. El estado inició un veloz rumbo hacia la concentración de poderes, manteniendo intactas pero vacías de contenido las instituciones federales. Este viraje, disimulado por el mantenimiento de las denominaciones, cargos e instituciones de las regiones autónomas (*lands*), era estrictamente necesario para la construcción de un estado totalitario. Para lograrlo, los nazis tuvieron que superar numerosos escollos y reticencias, pero la más importante fue la de Baviera, el *land* que desde siempre, e incluso hoy en día, más celosamente salvaguarda su identidad con respecto al resto de Alemania. A pesar de la derrota de la socialdemocracia, desde Baviera no miraban con agrado el revolucionarismo nazi, y continuaban planeando levantamientos conservadores. Hitler conocía de sobra Baviera como para que estas cosas le cogieran de sorpresa, así que dedicó un tiempo extra a trabajar aquel espacio y por si acaso, echó mano del decreto que le daba plenos poderes de mando en los *lands*. El control sobre todo el territorio alemán y especialmente sobre los *lands* más desafectos se convirtió en una obsesión desde el primer momento, lo que hizo que se desarrollara muy rápidamente un cuerpo de policía común, unificando las diferentes policías federales en una sola, basada en la más conocida, extensa y eficaz de todas ellas, la de Prusia. Este *land* era el más grande de Alemania y contenía la mayor parte de población, ya que se extendía tanto por todo el este como por el oeste renano. Al mismo tiempo, la capital prusiana era Berlín, de manera que su policía era la que el gobierno tenía más a mano. La nueva estructura policial alemana unificada se puso bajo el mando de Heinrich Himmler, jefe de las SS y máximo responsable de la policía bávara. Himmler se convirtió así en el jefe de una macroorganización que abarcaba desde la Policía Municipal (Ordnungspolizei, Orpo), que se transformó en el último escalafón local de los tentáculos del gobierno central, hasta la Policía de Seguridad (Sichersheitspolizei, Sipo). La Sipo estaba dirigida por el lugarteniente de Himmler, Reynard Heydrich, y contenía a la Policía Criminal (Kriminalpolizei, Kripo), una policía normalizada dedicada a delitos comunes, y a la Policía Secreta del Estado (Geheime Staatspolizei, Gestapo). La Gestapo desarrolló labores de policía política y se convirtió en una eficaz máquina de espiar ciudadanos. No estaba sometida a controles externos y no necesitaba de ningún tipo de autorización judicial a la hora de entrar a domicilios particulares o llevarse detenido a cualquiera que fuera sospechoso de comunista, homosexual, judío, descontento o católico políticamente activo. En un primer momento, la Gestapo se mostró especialmente activa contra el catolicismo enviando a cárceles y campos de concentración a sacerdotes y monjas que además tuvieron que soportar el cierre de sus órganos de opinión. El propio Heydrich, bávaro de educación católica, se mostraba particularmente virulento contra el catolicismo y el cristianismo en general, llegando a afirmar que los principales enemigos del régimen nazi eran los judíos y los cristianos. A partir del limitado concordato con el Vaticano y sabedor de la amplia conciencia cristiana de la población, el régimen permitió la legalidad a los católicos en Alemania a cambio de que no tomaran partido político, limitándose a sus ritos. Esta misma reglamentación se aplicó para los protestantes. Heydrich se quejó amargamente ante el Führer, quien le respondió que era necesario unir a los alemanes y no dividirlos. La fe cristiana era aún muy numerosa como para extirparla sin riesgo de una rebelión popular, pero después de la victoria ajustarían cuentas con el cristianismo. A este respecto es interesante señalar la despreciativa opinión que tenía Hitler de la iglesia, a quien consideraba responsable de un oscurantismo mortal y se mostraba partidario de su eliminación de raíz cuando terminara la guerra.

El control sobre la población se completó con el uso que los nazis hicieron de la propaganda política. Para hacerse una idea de la importancia que le dieron no hay más que ver que crearon un ministerio dedicado exclusivamente a ello, y no era precisamente el que menos dinero recibía en los presupuestos. A su cabeza se instaló Joseph Goebbels, un ardiente hitlerista que se convirtió en un maestro de la propaganda. Goebbels inauguró un nuevo estilo y con él una nueva era dentro de la historia de la psicología de masas. La manipulación social se convirtió en ciencia y casi-casi en un arte. Basándose en técnicas que hoy en día resultan muy comunes, la propaganda nazi llegó hasta lo más recóndito de una población que, si bien no se adhirió en su totalidad al régimen y al ideario por él representado, mantuvo unas altas cotas de satisfacción popular prácticamente hasta las primeras derrotas militares de la Segunda Guerra Mundial. En sus discursos, los nazis apelaban a los sentimientos más que a la razón, realizaban actos de homenaje llenos de emotividad, y por supuesto, decían cosas sencillas, simplificadas al máximo a fin de que fueran muy fáciles de comprender y retener hasta para el individuo más insustancial del

Joseph Goebbels, ministro de propaganda del Reich y uno de los más fieles y eficaces colaboradores de Hitler. Los nazis sacaron chispas al hasta entonces poco explotado recurso de la propaganda política dentro de la propia sociedad.

auditorio. Una pauta para llegar satisfactoriamente a la sencillez era la de reducir las cosas a blanco y negro, buenos y malos, obviando los matices: los que no opinan como nosotros están en contra nuestra. Y repetir mil veces, desde múltiples perspectivas, la misma idea. No en vano, una mentira repetida mil veces se convierte en una verdad. Se logró así una renuncia tácita de las masas a una política independiente y un apoyo del ejército y de los empresarios, una vez que tuvieron segura la renuncia revolucionaria del nacionalsocialismo. De hecho, la política económica no era lo que más importaba a Hitler, al fin y al cabo, un socialismo nacional no tenía sentido en un país en el que la raza aria hubiera desaparecido. Lo preeminente era la cuestión racial, la preservación y posterior expansión de la raza de los señores. Lo demás ya llegaría en su debido momento. Por eso la política económica del régimen nazi se dejó llevar por la inercia, manteniendo casi intacto el sistema de mercado heredado de la república de Weimar. Todo ello bajo un estricto control gubernamental y una política social más o menos manifiesta que intentó mejorar las condiciones laborales del trabajador. La primera red de autopistas del mundo se desarrolló en la Alemania nazi, al igual que el primer utilitario asequible al bolsillo del ciudadano medio: así nació la marca VolksWagen (literalmente *Coche del pueblo*, en alemán). A pesar de estas pinceladas, el socialismo no caracterizó la política económica del gobierno nazi, lo que llevó a no pocos debates en el seno del mismo. Dentro del partido había representantes de todo tipo de políticas económicas, desde los que reclamaban una aplicación socializante, hasta los netamente conservadores, sin llegarse a un acuerdo sobre la política a seguir; lo que quedó bien claro desde el principio es que los nazis no aplicarían el sistema italiano de corporativismo (que adoptaron otros muchos movimientos fascistas en imitación al de Mussoilini), por considerarlo vetusto, arcaico y medieval. En la práctica, se siguió una política capitalista moderada con una gran inversión en seguros, pensiones y una amplísima política de viviendas subvencionadas, que tuvieron como contrapunto el aumento de los impuestos y la inmovilización de los salarios.

La gran purga

Hitler sabía que para llegar a controlar completamente el poder debía de ocuparse de cualquier tipo de obstáculo que en el futuro pudiera hacerle sombra o dificultarle la tarea. Precisaba de una nación sumisa, y para eso no valía con limitarse a reprimir y eliminar a los opositores externos al NSDAP; también se hacía necesaria la limpieza de casa para adentro. Cualquier disidencia nazi debía de ser abortada de raíz, de forma ejemplar y como advertencia para marineros. La gran purga interna se puso en práctica en la noche del treinta de junio al uno de julio de 1934, y fue eficazmente ejecutada siguiendo una planificación que previó cualquier tipo de incidencia. La idea comenzó a gestarse desde tiempo antes del acceso a la cancillería, y es que la creciente divergencia entre las dos fuerzas paramilitares del partido, las díscolas SA y las fieles SS, había llegado a un grado tal que el Führer decidió que había que ponerle punto y final. Las SA se habían convertido en un cuerpo temible, tanto por su indiscriminada práctica de la violencia como por su muy relativa sumisión a las directrices emanadas de los órganos directivos del partido, una situación que incomodaba a Hitler al tiempo que daba una imagen social rufianesca muy alejada de la respetabilidad que el movimiento nazi en el poder pretendía encarnar. Una cosa era que desde el gobierno no renunciaran al uso de la violencia, y otra bien distinta era permitir que una panda de gamberros con esvástica abochornaran al movimiento nazi generando el desorden en las calles como antes del acceso al poder. Eso no se podía permitir. El comportamiento de las SA disgustaba profundamente al ejército, a los empresarios, a los jerarcas nazis y al pueblo llano, de manera que Hitler atisbó la posibilidad de eliminar aquel incómodo cuerpo de asalto, ganándose al mismo tiempo las simpatías de una buena parte de la sociedad alemana. El canciller hacía tiempo que confiaba más en las disciplinadas SS, de elegante uniforme rigurosamente negro y fidelidad fuera de toda duda, que en las tumultuosas SA. Las SS eran cuerpos de estructura rígida, muy severa, a los que no tenía fácil acceso el alemán medio, al contrario que en el caso de las SA. Para formar parte de las SS era estrictamente necesario acreditar una genética puramente aria, pasando unos rigurosos exámenes genealógicos y de medidas craneales. Las SS eran cuerpos de elite racialmente puros, pertrechados por sus propios ritos y símbolos procedentes de la mitología nórdica. Cumplían fielmente con todo lo que se les encomendaba, sin armar barullo y con sorprendente eficacia. Salvando la muy variada extracción social de sus componentes, las SS llegaron a convertirse en la aristocracia del nuevo hombre nazi que Hitler creía estar construyendo. Las SA, los pordioseros. El líder de estos últimos era Ernst Röhm, un arrogante exmilitar que nunca ocultó su preferencia sexual por los jovencitos, lo que para los mandatarios nazis desacreditaba aún más a su movimiento ante la opinión pública. Röhm conocía a Hitler desde los años de la Primera Guerra Mundial, y era el único miembro del partido que se había atrevido a poner en duda su autoridad. Insumiso, indiscreto y altanero, pensaba que su larga relación personal con Hitler le autorizaba a hablar con confianza y hasta con cierta prepotencia con él. Las SA y su líder se estaban convirtiendo en un cuerpo francamente incómodo desde todos los puntos de vista, de manera que Hitler no tardó en decidirse a quitarlos de en medio cuando los militares le dieron una buena excusa al amenazarle con que si las SA no moderaban su comportamiento, renunciando al mismo tiempo a su pretensión de formar parte del ejército alemán, dejarían de reconocer la autoridad del gobierno constituido. Sin embargo, a cambio del sacrificio de las SA, los militares prometían promocionar a Hitler como jefe del estado en cuanto Hindemburg muriera, cosa que iba a ocurrir en cualquier momento porque era muy anciano y se encontraba gravemente enfermo. Para Hitler, el ultimátum militar supuso una jugada redonda por medio de la que no podía sino ganar: se iba a librar, con la aquiescencia de los militares, de un peligroso sector de su propio partido que los desacreditaba ante la sociedad, y a cambio, el ejército le ofrecía en bandeja de plata la jefatura del estado, logrando así unir en su persona este cargo con el de canciller. La decisión era fácil. Pero es que, además de todo lo anterior, los SA de Röhm presentaban una tendencia marcadamente más izquierdista que la línea hitleriana, lo que asustaba a los grandes empresarios, que aún no las tenían todas consigo en lo que se refería al tipo de revolución que los nazis iban a poner en marcha. Y para terminar esta *lista de agravios*, se rumoreaba por ahí, y con cierta frecuencia, que Röhm, sus SA y sectores izquierdistas, liderados por Gregor Strasser, tenían la intención de dar un golpe de estado dentro del partido para imponer la que ya llamaban *Segunda Revolución*, la que aplicaría un socialismo racista no marxista en Alemania.

Una vez tomada la decisión, las SS se pusieron manos a la obra para crear pruebas falsas que justificaran su acción contra las SA, incriminándoles de deslealtad, traición y tentativa de golpe de estado. Las unidades SS se prepararon concienzudamente desde varios meses antes para que el ataque fuera limpio y perfecto, sin sorpresas. El plan se desarrolló a la vez en toda Alemania. Aquella noche del treinta de junio, comandos SS asaltaron los edificios en los que se encontraban los jefes de escuadrilla de las SA, tomando algunos prisioneros y asesinando a otros. En el caso de los altos mandos, la mayoría de ellos acompañaban a Röhm en el balneario de Bad Wiesse, en Baviera, a donde habían acudido a relajarse. Rodeado de hombres armados y soltando improperios en voz muy alta, Adolf Hitler entró como un huracán en la habitación donde descansaba Röhm en compañía de otros miembros de las SA. Los sacaron de la cama, fusilaron a algunos de ellos y encerraron al dirigente en un calabozo. Tras un día entero de espera, Hitler se decidió, por fin, a ordenar su ejecución, dándole la oportunidad de morir dignamente arrepintiéndose de sus errores. Así pues, los hombres de las SS introdujeron una pistola en el calabozo de Röhm. Tenían órdenes expresas de abrir la puerta en un cuarto de hora, y en caso de que no hubiera hecho uso del arma, dispararle. Así se hizo. El fornido jefe de las SA cayó fulminado mientras sus labios repetían el nombre del Führer.

Este triste espectáculo ha pasado a la Historia con el nombre de Noche de los Cuchillos Largos. Se calcula que murieron asesinadas unas doscientas personas, entre ellas importantes personalidades del partido que no pertenecían a las

SA, como el representante más vehemente de la izquierda nazi, Gregor Strasser. Pero también cayeron personas ajenas al NSDAP que se ganaron la enemistad del Führer en capítulos anteriores de su vida, como fue el caso de von Kahr, a quien Hitler no perdonó jamás su *traición* durante el fracasado golpe de Munich; von Schelicher, precursor del nazi en la cancillería; y un determinado número de monárquicos y conservadores. Ante la prueba de crueldad que habían dado los nazis gobernantes, nadie se atrevió a decir nada. Todo quedó impune y poco después fue sancionado por el gobierno como una acción necesaria y de acuerdo a derecho. De esta forma, todos los sectores contestatarios y antihitlerianos del partido nazi fueron acallados, las SA fueron relevadas por las SS y los empresarios y militares comprobaron, no sin satisfacción, que Hitler había cumplido sus promesas eliminando aquel sector izquierdista tan peligroso. A la muerte de Hindemburg, el 2 de agosto de 1934, el ejército cumplió su parte del trato promoviendo a Hitler como jefe del estado.

ARIOS Y JUDÍOS

Hitler podía sacrificar la parte social de su programa, permitiendo a los empresarios que siguieran desarrollando sus negocios como hasta entonces, mientras aceptaran un mínimo control estatal y no se interpusieran en el desarrollo de sus fantasiosos designios. Sin embargo, en lo que nunca hizo concesiones fue en la cuestión racial, eje sobre el que giraba su ideario desde todos los puntos de vista. La cosmovisión de Hitler se basaba en que el desarrollo de la historia de la humanidad se regía, más que por la lucha de clases, por una despiadada guerra de razas. De entre ellas destacaba una, la suprema, la más evolucionada y por tanto más alejada del mono: la raza aria. Los arios habían creado todas y cada una de las grandes civilizaciones, no en vano eran los únicos capaces de hacerlo, pero la mezcla racial les había hecho decaer. Eso mismo estaba ocurriendo en el siglo XX, y de hecho ya los arios eran una raza en extinción. Para salvarla de aquel destino había que fomentar la natalidad de las parejas contrastadamente arias, teniendo especial cuidado en que no procrearan los tarados, deficientes mentales o enfermos. Contra este supuesto se puso en práctica una campaña de esterilización que a partir de 1939 se convirtió en una aplicación masiva de la eutanasia, por medio de la cual asesinaron a cerca de 60.000 individuos aquejados de algún tipo de disfunción grave de sus capacidades físicas o mentales. Los *pacientes* ingresaban en centros hospitalarios donde eran eliminados masivamente por aplicación de gas, un claro precedente del sistema de los campos de exterminio. Las sospechas de que aquellas personas estaban siendo eliminadas generaron un murmullo de desaprobación en la sociedad alemana; lo que aconsejó al régimen la continuidad del

Los judíos fueron los primeros en sufrir las consecuencias de la puesta en práctica de las teorías nazis. Empezaron siendo marcados con la estrella de David y terminaron deportados a los campos de concentración.

programa de una forma menos escandalosa, sustituyendo la gasificación y posterior quema de los cuerpos por la inyección letal.

Eliminados los individuos con taras graves, el siguiente paso sería reponer a los arios en el lugar que les corresponde, el de señores de la humanidad; directores de una civilización deslumbrante que contaría con esclavos de las razas inferiores que trabajaran para ellos sin mezclarse racialmente nunca, para garantizar la permanencia de aquella futura sociedad. Para ello era necesario extender entre los arios la conciencia de su supremacía innata, genética, sobre el resto de las razas del mundo. Por historia y tradición su espacio vital era el centro-este de Europa, de donde expulsarían a los eslavos para que esos territorios fueran repoblados por alemanes arios. La clave de todo este planteamiento estriba en que nos hallamos ante una cuestión de raza, no de nacionalidad, lo que quiere decir que al mismo tiempo que había arios fuera de Alemania, también había alemanes no arios, judíos aparte, principalmente en la Alemania oriental, donde según informes del propio gobierno nazi, existía un buen número de población mixta germano-eslava. Aunque esta contingencia se dejó para después de la guerra, los planes de Hitler no contemplaban una depuración racial solamente en la Europa oriental; también habría de llevarse a cabo en la propia Alemania. Como es bien sabido, la primera de estas depuraciones recaló en el pueblo judío. Para el nacionalsocialismo, así como los arios eran la raza superior, la de los creadores, la que estaba llamada a dirigir el progreso de la humanidad, los judíos eran exactamente lo contrario: todo un compendio de odio y maldad. Así se creaba una dicotomía bueno-malo que otorgaba valores absolutos: si los arios eran los constructores, los judíos los destructores. Si los arios los buenos, ellos los malos. Eran inferiores porque representaban el mal, y el mal nunca puede ser ni igual ni superior al bien. Pero al mismo tiempo, eran los únicos capacitados para hacer fracasar los designios arios, los únicos que podían competir con ellos y vencerles, eso sí, cada uno especializado en lo suyo: los arios en crear y construir y los judíos en pudrir y destruir. Las demás razas no eran tan inteligentes. En esta cosmogonía, el judío era el antipoder, el Maligno, como en una religión, la sombra frente a la luz. Y a la sombra había que destruirla sin remilgos. El primer paso para poner en práctica estas ideas fue la segregación política y social. Bajo este espíritu se redactó La Ley para la Restauración de la Carrera Administrativa, por el que se expulsaba de ella a los judíos y se cerraba el acceso de esta gente a cualquier cargo público. Esta no fue más que la primera de una larga serie de medidas segregacionistas que culminaron en las denominadas Leyes de Nüremberg (1935), un compendio legislativo que organizó la sociedad de manera que los judíos quedaran claramente marginados. A partir de su promulgación se restringió el reconocimiento de la nacionalidad alemana únicamente a los miembros de pura sangre aria. Los judíos fueron los principales damnificados de esta medida, convirtiéndose en apátridas dentro de su país. Se les prohibió también hacer uso de banderas y otros símbolos nacionales, cantar el himno o proclamarse alemanes. Pero la medida más bárbara de todas se encarnó en la prohibición de las relaciones amorosas entre arios y judíos y los matrimonios mixtos, incluso los válidos en el extranjero, que en Alemania eran nulos. Las Leyes de Nüremberg no solo sancionaron legalmente la segregación racial; también abrieron las puertas a una situación de acoso y escarnio social contra los judíos que tuvo su reflejo hasta en los pequeños núcleos de población. Nadie quería tener nada que ver con los parias judíos, no fuera que las autoridades les relacionaran con ellos. Así se convirtieron en el chivo expiatorio de todos los males de la sociedad.

Después de 1935, una serie progresiva de nuevas medidas completaron la legislación antijudía, logrando crear un ambiente tan irrespirable que miles de judíos tomaron la opción de abandonar el país. Los que se quedaron tuvieron que sufrir el boicot a sus tiendas y a su trabajo, la humillación de ir marcados por la calle con una estrella de David amarilla que les identificaba y, finalmente, la reclusión en guettos donde solamente estaban ellos, sin poder mezclarse con el resto de la población. Las humillaciones a los judíos fueron en aumento hasta que desembocaron en la Noche de los Cristales Rotos (9 al 10 de noviembre de 1938). Aquella noche, comités armados de ciudadanos y miembros del partido nazi protagonizaron un gran pogrom a nivel nacional en el que prácticamente todas las sinagogas de Alemania fueron asaltadas, destrozadas y quemadas y miles de judíos asesinados, apaleados y arrestados, sacándolos de sus casas en plena noche y nada más que con lo puesto. Como resultado de la noche, entre veinte mil y veinticinco mil judíos fueron internados en campos de concentración. El pogrom causó un gran escándalo en todo el mundo, limitando la influencia de los partidos fascistas europeos a los estrechos márgenes de sus miembros más fanatizados, sobre todo en los casos de Francia y el Reino Unido en el que el BUF seguía empeñado en ganarse enemistades defendiendo lo indefendible. Para mayor escarnio, los judíos fueron obligados a pagar los desperfectos derivados de aquella infausta noche, un total de mil millones de marcos, como responsables de la *reacción popular* antijudía por su responsabilidad en el asesinato de un alemán.

Hacía tiempo que el gobierno había planeado esta acción y estaba buscando una excusa suficientemente sólida para ponerla en marcha. La ansiada excusa llegó cuando un joven judío alemán, estudiante en París, asesinó a un miembro de la embajada alemana, a raíz de la situación de los judíos alemanes de origen polaco y de los de su familia en particular. Como apátridas que legalmente eran, los judíos de origen polaco fueron despachados hacia aquel país, pero Polonia tampoco les quería. Así pues, cientos de personas quedaron en tierra de nadie, en la frontera entre Polonia y Alemania, soportando unas condiciones infrahumanas. El joven judío alemán había acudido varias veces a la embajada alemana en París reclamando una solución para aquellos judíos, entre los que se encontraban sus familiares. Al darse cuenta de que la embajada alemana no tenía ninguna intención de solucionar el problema, la impotencia le llevó a disparar contra uno de sus representantes diplomáticos, con resultado de muerte. La desproporcionada reacción nazi organizando el pogrom de los Cristales Rotos, no obtuvo grandes reflejos a nivel internacional, a excepción del horror y la indignación generalizada al comprobar una vez más la brutalidad de los nacionalsocialistas. La política internacional en boga era la de no provocar, la de aplacar y calmar, la política que llamaban *del apaciguamiento* por miedo a la posibilidad terrible de una nueva guerra mundial. Siguiendo estas pautas, para entonces las potencias europeas ya habían firmado un documento (Conferencia de Evian, julio de 1938), por el que las medidas que tomaran los diferentes gobiernos en relación a sus ciudadanos, sea cuales fueran, eran asunto propio de cada estado y no tenían derecho a entrometerse los demás estados. Cuando llegó la Noche de los Cristales Rotos, todos respetaron lo firmado en Evian. Nadie intervino a favor de los perseguidos en Alemania, lo que dejó las manos libres al gobierno de Hitler para purificar el país. Gitanos, comunistas y opositores políticos en general, homosexuales... sufrieron un duro acoso por parte de la Gestapo, quien al principio discriminó mucho entre la persecución de las razas inferiores (judíos, gitanos, eslavos...) y la reeducación para los arios desviados (ladrones, homosexuales...), pero después se terminó por recluirlos también en campos de concentración. Muchos homosexuales terminaron siendo asesinados en los campos, castrados en hospitales o internados de por vida en sanatorios mentales.

LA EXPANSIÓN TOLERADA

La política exterior alemana siguió desde la llegada de Hitler al poder, parámetros guiados por el militarismo, el expansionismo y el pangermanismo. Como Mussolini, Hitler había denigrado en sus discursos las cláusulas del Tratado de Versalles, de manera que cuando alcanzó la cancillería actuó desconociéndolo. Uno de los puntos del tratado de paz era la prohibición del rearme alemán. Haciendo caso omiso, Hitler comenzó a rearmarse en silencio, dando trabajo y ayudas a las industrias de producción militar. Al mismo tiempo que un plebiscito en el Sarre reincorporaba la región a Alemania, volvió a imponer el servicio militar obligatorio, otra clamorosa violación de lo estipulado en Versalles. Al ver que este paso no parecía tener consecuencias prácticas, a excepción de una pequeña advertencia francesa, Hitler se atrevió con una acción aún más audaz, la remilitarización de Renania (1936), un *land* occidental que había sido desmilitarizado en virtud de lo previsto en los tratados de paz y que ahora era ocupado por el ejército germano sin respuesta de ningún tipo por parte de las potencias garantes de la paz. Ni Francia ni el Reino Unido tomaron medidas contra el hecho consumado, y Mussolini, que debía una a los alemanes por haber sido el único apoyo de Italia durante la guerra de Etiopía, tampoco. A partir de 1936 las relaciones ítalo-alemanas inician tímidamente un viraje que terminará siendo casi de 180 grados, encarrilándose definitivamente en unas vías de entendimiento y apoyo mutuo que se mantendrán hasta el final de la Segunda Guerra Mundial. El clímax de esta mutua cordialidad llegó en el momento en el que Hitler decretó la anexión de Austria al Reich (1938). El mismo Führer escribió un telegrama de reconocimiento al italiano, antes principal escollo de la anexión, dándole las gracias por ayudar a que uno de los días más felices de su vida se hubiera podido realizar. Pero como hemos señalado, este buen entendimiento no llegó de repente. Su prehistoria hay que buscarla en la ya comentada invasión de Etiopía y en el inicio de la Guerra Civil Española. Las potencias fascistas coincidieron en su apoyo al bando franquista de cara a la lucha contra el comunismo, haciendo caso omiso a los acuerdos de no intervención adoptados

internacionalmente. Ambos interpretaron que España era el primer campo de batalla donde había que dar la cara a la expansión del bolchevismo, aunque después de la guerra, al ver sus resultados, los nazis quedaron desolados por la decepción que les produjo el haber apoyado a un régimen tan clericalista y conservador. En vez de una revolución fascista, Franco instaló en España un régimen en el que las figuras predominantes eran él, los militares y la iglesia católica, a la que Hitler acusaba de ser la responsable de todos los males de España. Son muchas las opiniones de Hitler en este sentido, llegando a afirmar, en más de una ocasión, que se equivocaron completamente al apoyar a los monárquicos y conservadores, enemigos tanto de la revo-

Hitler en Austria.

lución nazi alemana como de la fascista española. El Führer pensaba que la supresión de Franco sería muy positiva para España, y de hecho llegó a tener un proyecto encima de la mesa para destronarlo y colocar al frente a la Falange perseguida, a la que consideraba verdaderamente fascista en contraposición a la Falange franquista, un nido de chusma clericalista. Aquellos planes no pudieron llevarse a cabo debido a las necesidades y prioridades de la guerra; pero, sin duda, en su proyecto de la nueva Europa de posguerra entraba una España fascista sin Franco.

Mussolini y Hitler continuaron colaborando activamente a partir de 1936, y un año después, Italia se unió al pacto antikomintern, firmado en noviembre de 1936 por Alemania y Japón. La Komintern es la Tercera Internacional o Internacional Comunista. Según este pacto, al que más tarde se unirían otros países, y que se convertiría en el alma de la recientemente constituida alianza militar y política conocida como el Eje, las naciones firmantes acordaban intercambiarse información en lo relativo a temas comunistas dentro de sus fronteras y a colaborar activamente en la lucha contra el comunismo. El mismo año de 1937, Italia sigue los pasos de Alemania saliendo de la Sociedad de Naciones. La política del fascismo italiano, antes mucho más flexible, comienza a partir de entonces un proceso de nazificación derivado de la admiración de Mussolini hacia la potencia militar y política de su nuevo aliado. El italiano envidiaba aquel potencial que parecía transformar a Hitler en un ser omnipotente. A la vista de ello, Mussolini se esforzó en imitar a la Alemania nazi importando detalles como el paso de ganso, sin demasiado éxito. El proceso de nazificación culminó en el año 1938, fecha en la que la permisiva Italia promulgó una serie de decretos para la protección de la raza. Este era un asunto completamente novedoso e incluso extraño dentro de la cosmovisión del fascismo italiano, que desde el primer momento había rechazado el racismo nazi. La teoría racial alemana había sido varias veces ridiculizada desde el fascismo italiano, pero hete aquí que finalmente los italianos también la adoptaron. Lo cierto es que las leyes raciales fueron mucho más laxas que en Alemania, al fin y al cabo esto de la raza nunca fue del todo asumido por el fascismo italiano, y su aplicación práctica adoleció de numerosos huecos, lo que hizo que durante la guerra un judío estuviera más seguro en la Italia de Mussolini que en la Francia de Vichy. Con todo, las leyes raciales tuvieron como resultado una segregación efectiva entre judíos e italianos, que comenzó marginando comercios y terminó ingresando a los niños judíos en escuelas separadas. En 1939, los afiliados de origen semita fueron expulsados del partido fascista y se tomaron medidas contra los matrimonios mixtos. Sin embargo, al contrario que en Alemania, estas medidas no solamente no fueron bien vistas dentro del propio partido, sino que incluso fueron combatidas, lo que provocó que fueran aplicadas con una laxitud tremenda en comparación al caso alemán. Gran parte de los miembros del Partido Nacional Fascista consideraba acertadamente que todas esas medidas raciales no eran más que una claudicación a los puntos de vista nazis y no la aplicación de un ideario intrínsecamente fascista.

Animada por la estrategia de apaciguamiento de las potencias occidentales, la política exterior de Hitler fue haciéndose cada día más audaz. El mismo año del *anschluss*, Hitler anunció que los designios del nacionalismo alemán estaban inconclusos, y que para no desfallecer, Alemania necesitaba un espacio vital que como

primer capítulo debía de reunir a todos los territorios irredentos dentro del Tercer Reich. Después de Austria le tocaba el turno a la tierra de los sudetes, situada en la frontera germano-checa y poblada por una mayoría de habitantes de lengua y cultura alemana que pronto desarrollaron un fuerte partido nazi favorable a la integración, como había pasado en Austria. Después del *anschluss*, Hitler inició una campaña de acoso al gobierno checoslovaco para que devolviera los sudetes, lanzando improperios y amenazas contra él. Los jefes de gobierno del Reino Unido (Neville Chamberlain) y Francia (Édouard Daladier) intentaron aplacar a Hitler, quien aseguraba que estaba dispuesto a comenzar una guerra si no se aceptaban sus *justas* exigencias. Después de la experiencia de la Primera Guerra mundial, a las potencias occidentales les horrorizaba la idea de embarcarse en un nuevo conflicto bélico, por lo que realizaron gestiones casi imposibles con los checoslovacos para ver si se podía hacer algo. Ante la rotunda negativa de Praga y las amenazas de Alemania, los gobiernos del Reino Unido y Francia acordaron con Italia y Alemania la celebración de un encuentro

Los discursos, actos y celebraciones nazis se destacaban por una obsesiva presencia de la esvástica dentro de una parafernalia militarista en la que cientos o miles de personas coreaban al unísono los mismos lemas, entre los que destacaba el escrito que portaban la mayoría de los estandartes: ¡Alemania, despierta!

a cuatro bandas en Munich, dejando al margen a uno de los más interesados en el asunto sudete, el propio gobierno checoslovaco, que tuvo que soportar el humillante espectáculo de presenciar sin poder intervenir, cómo debatían unas potencias extranjeras sobre el futuro de su territorio. La oposición por sistema a una salida bélica empujó a los gobiernos de Francia y el Reino Unido a firmar un documento que preservaba la paz a cambio de que el gobierno checoslovaco entregara el territorio de los sudetes a Alemania. Tras el ejemplo alemán acudieron como buitres a la carroña Hungría y Polonia, dos estados que también tenían ambiciones territoriales en Checoslovaquia, lo cual dejó a aquel país prácticamente desguazado y al nacionalismo eslovaco clamando por su independencia. El 22 de marzo de 1939, Hitler desembarcaba en Praga, declarando a Bohemia y Moravia como protectorado alemán y la independencia de Eslovaquia bajo tutela alemana. Hitler iba de triunfo en triunfo sin disparar un solo tiro, burlándose de la política de apaciguamiento y de las más elementales reglas de la diplomacia internacional. Esta situación lo elevó de manera efectiva a una posición de caudillo del nacionalismo alemán, y en muchos lugares de habla alemana lo consideraban poco menos que como a un redentor. Así ocurrió en Memel (hoy Klaipeda, Lituania). La ciudad había pertenecido a Prusia oriental desde la edad media, de hecho fue fundada por los caballeros de la Orden Teutónica. Sin embargo, después de la Primera Guerra Mundial la ciudad fue desgajada de Prusia, aplicándosele un régimen internacionalizado parecido al de Fiume. Lituania tomó posesión de Memel unilateralmente y la cuestión se fue enconando. Para 1939, en Memel la solución pasaba por Hitler, y la mayoría absoluta del pleno municipal ya era nazi. Los ciudadanos del enclave recibieron con muestras de entusiasmo, flores y brazos en alto a su salvador nacionalista cuando desembarcó, tomando la ciudad sin resistencia y volviendo a violar los tratados de paz. La facilidad de la acción de Memel hizo que el Führer girara ahora su vista hacia el pasillo de Danzig, un territorio de habla alemana bajo administración polaca situado entre la Prusia oriental y la occidental. Danzig es la denominación alemana de la actual ciudad polaca de Gdansk, uno de los puertos más importantes del mar Báltico. La reivindicación alemana de Danzig desbordó el vaso de la paciencia de los gobiernos de Francia y el Reino Unido, que se erigieron en garantes de la integridad territorial polaca. El ambicioso canciller alemán había llegado demasiado lejos, y había que pararle los pies de alguna manera. Por tanto, acordaron que si Alemania se atrevía a agredir a Polonia, ambas naciones se pondrían automáticamente de su lado declarando la guerra a Alemania. Al mismo tiempo, siguiendo las cláusulas del Pacto de Acero firmado ese mismo año por las potencias fascistas, si Alemania entraba en guerra, Italia se vería obligada a participar a

su lado, contra los países con quienes estuviese en conflicto. Poco antes de la decidida invasión nazi de Polonia, los ministros de asuntos exteriores de Alemania y la Unión Soviética firmaron un pacto de no agresión, por el que los alemanes se cubrían las espaldas obligándose ambas potencias a no iniciar un enfrentamiento mutuo. El pacto incluía un acuerdo secreto en virtud del cual se repartían Polonia, el este para los soviéticos y el oeste para Alemania. El 1 de septiembre del mismo año, el ejército alemán rebasó la frontera polaca y dos días más tarde Francia y el Reino Unido declaraban la guerra a Alemania. Comenzaba así la Segunda Guerra Mundial, un conflicto tantas veces pospuesto por los occidentales como deseado por el dictador alemán.

Quema de libros. Las obras escritas por autores judíos o simplemente contrarios al régimen fueron suprimidas en medio de un ambiente festivo, sin ningún pudor.

4

La guerra

La caja de Pandora

Con el ataque sobre Polonia se escribieron las primeras líneas de la conflagración bélica más terrible de toda la historia de la humanidad. Nunca antes una guerra había supuesto tantos escenarios geográficos ni tan repartidos, desde el gélido invierno ruso hasta las tórridas islas del Pacífico; ni había sido tan aterrador en lo que respecta a víctimas mortales, tanto militares como civiles, cebándose en estos últimos con especial crueldad. La Segunda Guerra Mundial es una de las etapas de toda la historia que más profundamente ha marcado el posterior devenir y la memoria colectiva de los ciudadanos del mundo entero. Su colección de horrores, entre los que cobran especial relevancia los campos de concentración nazis y la explosión de la bomba atómica sobre Hiroshima y Nagasaki, será difícilmente olvidada. Todos los gobiernos que participan en una guerra tienen su parte de responsabilidad en los hechos terribles que en ella se desarrollan. Esto es incontestable. Sin embargo la Segunda Guerra Mundial contiene un plus de responsabilidad debido al enorme protagonismo que en ella tuvieron los fascismos gobernantes, en especial el nacionalsocialismo alemán, que desde su nacimiento contenía la semilla del exterminio racial. Era imaginable lo que iban a hacer los nazis. Su doctrina anunciaba punto por punto todo el programa que desarrollaría el canciller Hitler, pero esto no se supo o no se quiso advertir hasta que el descubrimiento de los campos de concentración en 1945 obligó a admitir el horror. En este sentido, las potencias aliadas, que no deben de ser exoneradas de la carga moral de haber cometido crímenes contra la humanidad (como el lanzamiento de la bomba atómica), son responsables de no haber previsto y atajado la pesadilla nazi. Por otro lado, como protagonista esencial del desarrollo de los acontecimientos militares en Europa y sus colonias y la puesta en práctica de una política de crímenes contra la población civil sin precedentes en la historia, no cabe duda de que el fascismo es el gran responsable de la guerra. En este apartado, nuestro objetivo será seguir los pasos de las potencias fascistas en el conflicto, cuál fue su evolución y cómo se empezó a dibujar ese nuevo orden nazi que Hitler tenía pensado aplicar en aquel *Reich de los*

Mil Años que nunca llegó a ser una realidad. La suerte que el fascismo italiano y el nacionalsocialismo vivieron durante el enfrentamiento corrió paralela, el primero experimentando sus pequeñas inseguridades, que comenzaron a partir de un apoyo completo a Alemania pero sin entrar en la guerra, para terminar cayendo fulminantemente cuando el Gran Consejo Fascista destituyó a Mussolini una vez que vieron que la guerra se estaba perdiendo. Con la ayuda de Hitler, el Duce mantuvo una especie de caricatura de estado fascista en el norte de Italia, la República Social Italiana (RSI) o República de Saló, generándose así la paradoja de la existencia de dos Italias, una, proaliada; y la segunda, subalterna, fiel a los designios de Berlín. La RSI fue barrida por las tropas aliadas, que después de penetrar por el norte de África y ayudados por la población civil y el servilismo del estado, que acertó a *cambiarse de chaqueta* a tiempo, avanzaron con firmeza de norte a sur hasta fagocitar toda la península itálica. Este cambio de bando tan oportuno, supuso que Italia no siguiera el destino de Alemania, de manera que no fue repartida entre las grandes potencias después de la conflagración.

Como se ha señalado más arriba, el final de la guerra puso encima de la mesa y a plena luz del día los horrores de la aplicación práctica de los planteamientos raciales del nacionalsocialismo. Los relatos de los internados de los campos, las imágenes de esqueletos vivientes vagando como zombis y demás espantos lograron al menos que quienes aún veían al fascismo como un sistema de orgullo nacional lo desmitificaran de golpe, haciéndolo descender de la calidad de ideario político al status de villanía, de crimen, de ideología indigna. Si algo podemos sacar de positivo a partir de los crímenes del fascismo durante la Segunda Guerra Mundial, ese algo sería, sin duda alguna, el haber logrado globalizar el convencimiento de que el fascismo no es una opción. A partir del juicio de Nüremberg, el fascismo pasa a ser socialmente repugnante, quienes en su momento lo apoyaron, callan avergonzados y muchos de ellos llegan a arrepentirse sinceramente por haber dado soporte a aquellos delincuentes. El fascismo volvió así a las catacumbas de la política, donde dormitó durante un tiempo, hasta que comenzó a asomar la cabeza en sectores políticos marginales de Europa y el mundo, con muchísima menos fuerza que en el periodo de entreguerras y enfrentándose a un electorado, ya avisado, que parece estar escarmentado por la experiencia de nuestros abuelos. Los europeos de la actualidad difícilmente pueden ser embarcados en una aventura nacionalista radical como la que promueve el fascismo, razón por la que, al contrario que en la etapa de entreguerras, los partidos de esta tendencia se ven abocados a presentarse públicamente como una fuerza moderada y respetable.

La abuela ha muerto. Aquella frase en clave abrió la caja de Pandora. La pronunció Reynard Heydrich la mañana del primero de septiembre de

1939, destinada a un grupo de miembros de las SS que, vestidos con uniformes del ejército polaco, asaltaron una emisora de radio local de una pequeña ciudad alemana enclavada en la frontera germano-polaca. Los nazis necesitaban una excusa para lanzarse a la invasión de Polonia, y como los propios polacos no se la daban, decidieron que no quedaba más remedio que inventarla. La verdad es que ni siquiera era una buena excusa, pero algo había que hacer, no se podía atacar Polonia así como así. Los asaltantes leyeron un comunicado animando a los polacos de Silesia a levantarse contra el dominio alemán, con la esperanza de que, al estar unida esta emisora con la de la importante ciudad de Breslau, desde esta, la difusión del comunicado fuera nacional. No fue así, pero el incidente ya estaba creado. Los SS finalizaron su misión dejando en la puerta a un montón de reclusos alemanes muertos en la misma entrada de la emisora, dando así a entender que los supuestos asaltantes polacos habían asesinado alemanes. Horas más tarde, el gobierno del Reich, *indignado* ante aquella provocación, anunció que consideraba muy graves los hechos de la emisora fronteriza, considerándolos como una declaración de guerra. Así pues, desde la cancillería se impartieron las órdenes precisas para, fotógrafo incluido, rebasar la línea fronteriza con Polonia e iniciar la invasión. El gobierno nazi sabía que por parte soviética no tenía nada que temer. Días después, cuando los alemanes tuvieran su parte de Polonia bajo control, la URSS penetraría por el este para reclamar su porción del botín y poner punto y final, por enésima vez en la historia, a la independencia de Polonia. La ocupación nazisoviética se desarrolló con bravas resistencias que no fueron suficientes para contener la invasión. La imagen de la caballería polaca estrellándose contra los panzers alemanes, enormes tanques de última generación, es una de las más significativas de toda la guerra.

Después de a lo que le tenían acostumbrado, Hitler no esperaba que británicos y franceses le echaran agallas declarándole la guerra. Le sorprendió, pero no por ello varió sus planes de invasión. La campaña polaca fue un paseo de rosas para las tropas del Führer, que barrieron al ejército polaco en unas semanas. Aquella propaganda con la que el gobierno de Varsovia cubrió el país, que decía algo así como que Polonia estaba *fuerte, unida y preparada* no pareció responder a la realidad, y la nación entera se desplomó ante las mucho más poderosas fuerzas de Alemania. A pesar de la encomiable resistencia de la población civil de las ciudades más importantes, Polonia se rindió el 27 de septiembre. A partir de aquel mismo día comenzó a funcionar una guerrilla de resistencia al invasor que llegó a dar ejemplos de sacrificio excepcional, sin duda porque no les quedaba otra, ya que si bien la ocupación alemana en el oeste de Europa fue más bien suave, en Polonia se cebó con la población civil hasta convertirse en un auténtico campo experimental de exterminio masivo. Tras la rendición, Alemania y la URSS se repartieron el país tal y como lo habían acordado en el pacto de no agresión mutua. La zona oriental, la menos étnicamente polaca, se la anexionó la URSS, que ya estaba pensando en continuar su expansión por los países bálticos y Finlandia. Por su parte, el Tercer Reich se anexionó la Silesia polaca, Pomerania y el territorio de la Gran Polonia, en total 90.000 kilómetros cuadrados. Sobre estas regiones se llevó a cabo un proceso de germanización que se materializó en la promoción de asentamientos de colonos alemanes, la germanización de los nombres de los pueblos y ciudades, y la expulsión de los elementos polacos, que fueron expedidos al Gobierno General de Polonia, la otra zona controlada por los alemanes. Se expropiaron las tierras de los polacos evacuados y se organizó el secuestro de niños arios, quitándolos de sus padres para ser educados como alemanes en familias de raza aria. Por su parte, el Gobierno General contenía el territorio polaco de ocupación alemana que no fue anexionado al Reich. Se convirtió en una especie de *zona reservada* destinada a ser un campo de pruebas experimental de las teorías nazis de supremacía racial. Este peculiar engendro administrativo incluía la antigua capital, Varsovia, y tenía su centro en la ciudad de Cracovia, residencia del gobernador alemán, Hans Frank. En el territorio del Gobierno General se concentraron judíos y polacos provenientes de todas las regiones de la Polonia alemana, destinados a ser exterminados o convertidos en esclavos. Después, la zona se *limpiaría* para que pudiera ser ocupada por colonos alemanes, como estaba ocurriendo en otras regiones de Polonia. No es casualidad que la mayoría de los campos de exterminio se construyeran dentro de las fronteras del Gobierno General. Precisamente en las cercanías de Cracovia, en junio de 1940, se inició la construcción del campo de exterminio KL Auschwitz, un nombre que produce un escalofrío de terror cada vez que hay que pronunciarlo. No se sabe el número de personas que fueron asesinadas en los campos del Gobierno General. Tampoco es necesario conocer el dato para poder afirmar que aquello se convirtió en un enorme matadero para humanos.

Mientras tanto, el inesperado amigo soviético de la Alemania nazi continuaba organizando las fronteras de la zona que le había tocado en el reparto. Después de asentar sus reales en la Polonia oriental, Stalin fijó sus ambiciones de expansión en los países bálticos y en Finlandia, una nación que se les había escapado al proclamar su independencia en 1917, aprovechando el desorden producido por la Revolución Soviética. Para el nacionalismo ruso, Finlandia era una presa necesaria. Con la captura de aquel territorio, Rusia protegía una de sus ciudades más importantes y símbolo del bolchevismo, puesto que las grandes acciones revolucionarias tuvieron lugar en ella: Leningrado, antes y hoy llamada San Petesburgo. La ciudad quedaba a muy pocos kilómetros de la frontera, de manera que estaba en primera línea de un hipotético ataque enemigo. Tras una serie de peticiones rusas deliberadamente exageradas, que Finlandia no podía aceptar, Stalin dio la orden de tomar el país por la fuerza. Pero lo que parecía que iba a ser un paseo militar no lo fue tanto, puesto que a la encarnizada defensa finlandesa se sumó la ineficacia del Ejército Rojo, que no estaba aún preparado para una operación de semejante envergadura. A pesar de la resistencia, y con más dificultades de las esperadas por parte soviética, a Finlandia no le quedó más remedio que capitular, viéndose obligada a firmar un tratado de paz con la URSS por el que perdía parte de su territorio.

Como fichas de dominó

A principios de 1940, en Europa oriental se formó un escenario ciertamente preocupante en el que los avances de las potencias totalitarias no se vieron correspondidos por una reacción igualmente demoledora por parte de Francia y el Reino Unido. Italia, aunque aliada de Alemania, aún no ha dado un paso y sobre el papel sigue siendo una potencia no beligerante. Mussolini cree que hasta 1942 sus tropas no estarán en disposición de combatir, y así se lo hace saber una y otra vez al dictador alemán, lo que no parece importarle demasiado, habida cuenta de que Alemania continúa su guerra contra el mundo en solitario. La próxima acción alemana estaba prevista contra occidente. Alemania debía de tomar la iniciativa en occidente con un golpe mortal, para desestabilizar a sus enemigos más fuertes, Francia y el Reino Unido, y así poder continuar después su expansión por el este de Europa con la mirada puesta en Rusia. La táctica del estado mayor germano pretendía evitar una contienda en dos frentes al mismo tiempo, de manera que escogió mantener el pacto de no agresión con la URSS mientras se encargaba de sus oponentes occidentales. Una vez liquidados, tendría tiempo para hacer lo que realmente le interesaba, la invasión y colonización aria del este de Europa, hasta los Urales. Sin embargo, la ofensiva en occidente tuvo que posponerse debido a la urgencia que Noruega requería para el Reich. Alemania necesitaba ineludiblemente el mineral de hierro sueco, que en invierno embarcaba desde el puerto noruego de Narvik hasta Alemania, debido a que el golfo de Botnia (zona de salida veraniega, desde Suecia) se helaba y era impracticable para los barcos. Mientras Suecia y Noruega permanecieran neutrales, el suministro de hierro parecía asegurado para los nazis, pero la cuestión era que ni los británicos ni los propios alemanes respetaban las aguas jurisdiccionales noruegas, de manera que si bien la ruta veraniega estaba asegurada por el Báltico, un mar muy seguro para los alemanes, el suministro invernal quedaba amenazado por la proximidad de la flota británica y su dominio del mar del Norte. La amplísima fachada costera de Noruega era, además, una extraordinaria base naval y aérea para preparar una posible invasión contra las islas británicas, lo que aumentaba considerablemente el valor estratégico de aquel país. Por su parte, los noruegos, como los suecos, se aferraban con uñas y dientes a una neutralidad que consideraban vital para sus intereses políticos y económicos, de manera que a pesar de las simpatías probritánicas del gobierno, prohibieron expresamente el paso de tropas por su territorio cuando se lo pidieron desde Londres. Creían que así hacían lo más correcto para no involucrarse en una guerra en la que creían que no pintaban nada, pero no fue así. En previsión de un posible desembarco aliado, los alemanes se adelantaron, ideando en un tiempo record un plan de invasión simultáneo de Noruega y Dinamarca. Lo de Dinamarca casi parece una broma, invadir por invadir, aunque desde el gobierno alemán se quiso justificar la ocupación para facilitar el paso de tropas y materiales de Alemania a Noruega. Dinamarca fue invadida simplemente porque estaba en medio, aunque como desagravio por las molestias los alemanes permitieron la continuidad del sistema de partidos. Así pues, la noche del 8 al 9 de abril de 1940, las unidades militares alemanas desembarcaron en Noruega y simultáneamente penetraron en Dinamarca. La rapidez de los movimientos alemanes sorprendió a los aliados, que no supieron como responder. Antes de poder reaccionar, Dinamarca ya había caído. Por su parte, Noruega no tardó en seguir los pasos daneses y en seguida Oslo, el puerto y la ciudad de Narvik, y puntos estratégicos del país, fueron ocupados por el ejército alemán. Los alemanes tuvieron que repeler ciertos atisbos de rebelión en algunos puntos, y una serie de ataques británicos a Narvik que no lograron la posesión continuada de la ciudad. Tan rápidamente como había puesto en marcha la invasión, el gobierno alemán estableció un gobierno títere encabezado por Vidkun Quisling, cuyo nombre aún se recuerda como sinónimo de colaboracionismo. El gobierno legítimo, con su rey a la cabeza, se negó a reconocer a la nueva administración, y finalmente huyó a Inglaterra. La catástrofe noruega supuso la destitución del primer ministro británico, Neville Chamberlain, y su sustitución por uno de sus ministros, Winston Churchill, el carismático líder que llevó a los ingleses hasta la victoria.

Los aliados tuvieron que dejar Noruega a su suerte cuando los alemanes, inopinadamente, dieron un giro de timón y atacaron Holanda, Bélgica y Luxemburgo. Se ponía así en funcionamiento el Plan Manstein, un sustituto de la reedición del Plan Schlieffen, que los alemanes pretendían poner en práctica para invadir Francia. El Plan Schlieffen se llevó a cabo durante la Primera Guerra Mundial, y proyectaba penetrar por el norte de Francia a través del actual Benelux: propició un estancamiento al norte de París, en la zona de Verdún y el Somme, que provocó un empate técnico entre las tropas de las potencias centrales y las de los aliados en el frente occidental; una situación que duró mucho tiempo y que fracasó en su pretensión de tomar la capital francesa. A pesar de ello, los alemanes estaban dispuestos a repetirlo. Pero cuando los espías franceses se informaron de las intenciones de Berlín, los alemanes cambiaron de tercio y adoptaron el Plan Manstein, que a la postre resultó mucho más eficaz. Consistía en penetrar en Francia por las Ardenas, una zona boscosa que hasta entonces se creía difícilmente transitable por los tanques y que la experiencia de esta ofensiva demostró el poco fundamento de aquella opinión. Divisiones enteras de tanques alemanes penetraron en las Ardenas como si nada. Después, el grueso de las tropas se dirigiría al norte, a la costa, de manera que las tropas aliadas quedarían envueltas en una bolsa para después ocupar París a placer. Para ello, como en la Primera Guerra Mundial, había que pasar el rodillo por encima de Holanda y Bélgica, y así se hizo. Después de un desembarco paracaidista sobre la Haya y el brutal bombardeo sobre Rotterdam (casi mil civiles muertos), Holanda se rindió a los alemanes. Igualmente cayeron Bélgica y Luxemburgo, de manera que, antes de lo esperado, las divisiones panzer alemanas estaban ya en territorio francés, prestas a atacar. Las fuerzas aliadas se quedaron cercadas en el norte de Francia, en una bolsa que se convirtió en un cerco del que no podían salir y que cada vez se estrechaba más y más contra el mar del Norte. Los aliados no tenían escapatoria, pero sorprendentemente, las tropas alemanas detuvieron su marcha por tres días, dando tiempo más que suficiente a los aliados para organizar y desarrollar con éxito una gran operación de rescate de sus tropas, embarcándolas en la playa de Dunquerque con destino al Reino Unido. Y aquí llegamos a uno de los misterios aún no resueltos de la Segunda Guerra Mundial. ¿Por qué permitió Hitler la huída masiva hacia Gran Bretaña del grueso del contingente aliado cuando podía haberlos machacado en aquella trampa mortal, decidiendo casi definitivamente la guerra a su favor? Se habla de muchas razones, la más extendida de las cuales afirma que fue Göring, ministro del aire y jefe supremo de las fuerzas aéreas alemanas, quien le aconsejó que descansara a los tanques y dejara la labor a la aviación, que se dedicó a peinar y bombardear las playas de las cercanías de Dunquerque, desde donde miles de soldados esperaban la llegada de los ansiados barcos. Los aviones alemanes hicieron menos daño de lo que Göring previó, y la operación Dynamo, que así se llamó, supuso un éxito para los aliados, que lograron rescatar a un total de 340.000 soldados, la mayoría de ellos británicos. Dunquerque fue uno de lo errores estratégicos más clamorosos de Hitler, ciego y sordo al desesperado lamento de sus generales que le pedían una orden de avance para aplastar a las tropas enemigas. Otra teoría insiste en la idea cierta de que Hitler sentía cierta admiración por el Reino Unido y de que no tenía ninguna intención inamistosa para con sus ciudadanos.

Al fin y al cabo, también eran arios, así que no le apetecía ensañarse con soldados de su misma raza, la que decía proteger. Los británicos no tendrían nada que hacer después de la caída de su única aliada de relieve, Francia, y probablemente depondrían su actitud belicosa contra Alemania. No merecía la pena derramar valiosa sangre nórdica para nada. De esta manera demostraba a los británicos sus buenas intenciones. Al margen de conjeturas, el hecho cierto es que finalmente una gran cantidad de soldados fueron repatriados y que el canciller Hitler, exultante tras la victoria, se desentendió del hecho para dar la orden de tomar la ahora desprotegida capital de Francia, que capituló el 14 de junio. Cuatro días antes, Italia aprovechó la postración francesa para entrar en guerra junto a Alemania, un año antes de lo que tenía previsto. Los franceses resistieron la ventajista penetración, logrando hacer retroceder a las tropas italianas. Sin embargo, la caída de Francia era inminente. El ejército alemán se desparramó por toda la geografía del hexágono, superando toda oposición, mientras que el gobierno huía retirándose cada vez más al sur, hasta asentarse en Burdeos. A los orgullosos franceses no les quedó más remedio que pedir el armisticio. La paz franco-alemana se firmó el 22 de junio, en el bosque de Compeigne, en el interior del mismo vagón de tren en el que Alemania tuvo que firmar la rendición de la guerra de 1914-18. Un Adolf Hitler pleno de satisfacción acude al lugar, como símbolo y venganza, para firmar los acuerdos que suponen la derrota total del viejo enemigo y la postración de Francia ante Alemania. Como consecuencia de este tratado, Francia fue dividida esencialmente en dos zonas: la fachada atlántica se convirtió en zona ocupada, controlada directamente por los alemanes. La parte mediterránea y el macizo central se mantuvieron bajo una administración nacional con sede en la ciudad-balneario de Vichy, gobernadas por el Mariscal Pétain, héroe de la Primera Guerra Mundial y anciano de 84 años, sobre quien había recaído la humillante decisión de rendirse al Reich alemán debido a la dimisión del jefe del gobierno, Paul Reynaud. La Francia de Vichy conservó las colonias y la mayor parte de la flota, pero a efectos prácticos fue un mero títere de Berlín que, eso sí, a pesar de colaborar con los nazis en la cuestión judía y otros asuntos, nunca declaró la guerra a Inglaterra. Pétain se vio obligado a firmar un segundo tratado de paz con Italia, país que como los buitres en busca de carroña, se asignó territorios de la Saboya y Niza. El gobierno de Pétain fue reconocido por los franceses. Solamente el general Charles de Gaulle se negó a acatarlo, exiliándose en Londres, desde donde, no sin vacilaciones de los mandos británicos, formó un gobierno anticolaboracionista y proaliado.

El vencedor tenía ya a toda Europa postrada a sus pies. Ante los hechos consumados, Hitler proclamó la política de la mano tendida a Inglaterra, ofreciéndole una paz con garantías a cambio del cese de hostilidades. Como sabemos, el Führer no estaba especialmente interesado en subyugar a los ingleses, aunque reconocía que si no se avenían al cese de hostilidades podrían llegar a ser un elemento francamente molesto en el desarrollo de los acontecimientos. El ofrecimiento alemán no caló en el fuerte gobierno dirigido por Churchill, que se negó a hacer tratos de ningún tipo con Hitler y su gobierno. Así pues, después de varias señales de buena voluntad alemana y otras tantas advertencias, los nazis levantaron el telón de un nuevo escenario bélico: la batalla de Inglaterra, como paso previo a la Operación León Marino de invasión del Reino Unido. Los alemanes sabían que una invasión a gran escala de las islas británicas requería el control del canal de la Mancha, hasta entonces dominado por la incontestable superioridad de la Royal Navy británica. Sin él, difícilmente podrían organizar un desembarco lo suficientemente serio como para conquistar el país. Para ello había que echar mano de la Luftwaffe, la fuerza aérea alemana, que debía de encargarse de apartar el peligro que suponía la Royal Air Force británica (RAF), reduciéndola a la nada, al tiempo que se bombardearían los puntos estratégicos, y más tarde las ciudades relevantes de las islas. Las operaciones se iniciaron en julio de 1940 y continuaron con variadas intensidades, hasta 1942, fecha en la que definitivamente los alemanes dieron por fracasado el plan, lo aborta-

ron y se concentraron en la conquista de Rusia. Uno de los elementos que hicieron posible aquella larga y dura resistencia británica fue el radar, un estupendo invento que anunciaba la posición de los aviones enemigos y que hizo que los aviones anglosajones se presentaran al ataque sin pérdidas de tiempo, al tiempo que utilizaron un sistema que desviaba a los aviones enemigos de su punto de destino. Toda la costa inglesa quedó tachonada de puestos con radar. Aún así, las pérdidas inglesas fueron muy graves y la población civil tuvo que soportar eternas noches sin dormir acurrucados en improvisados búnkeres esperando que los alemanes terminaran de bombardear sobre sus cabezas. Al menos Churchill se podía jactar de haber cumplido fielmente su promesa cuando, al ser investido primer ministro, afirmó aquello de que solamente aseguraba a los británicos sangre, esfuerzo, lágrimas y sudor. Y los británicos resistieron. Dieron la talla sin ceder a las presiones germanas, sin pensar ni siquiera un momento en la rendición. Una hazaña de la que el conjunto de los británicos puede sentirse verdaderamente orgulloso.

Tras tanto tiempo de asedio sin resultados, Alemania dio por terminado el plan de invasión

La caída de Francia supuso un inesperado mazazo para las fuerzas aliadas y un golpe de efecto nazi que reforzó a Hitler en la idea de que el ejército alemán era invencible.

y giró sus intereses hacia el este, donde desde el principio tenía puesta la mirada. La invasión de Rusia, conocida como Operación Barbarroja, fue la campaña militar más extensa y complicada de la historia, y como tal supuso un hito en cuanto a movilización militar y control político de países sobre los que, a priori, Alemania no pretendía ejercer dominio alguno. La Alemania nazi debía de lanzarse a la invasión con garantías de éxito, y para eso tenía que dominar toda la frontera oeste y sur de la URSS. Por el sur, se expandiría por Oriente Medio y el Caúcaso; por occidente ya controlaba Polonia, de manera que desde aquel punto estaba en disposición de colocar ejércitos que directamente asaltarían la frontera, así que organizó una estela de países satélite —el Pacto Tripartito y sus ampliaciones— entre los que se hacía ineludible la participación de Rumanía, flanco sur de la frontera de la URSS y centro importante desde donde sacaría el petróleo para alimentar a los panzers, que necesitarían suministros cerca de la zona de operaciones. Así pues, para los nazis se hizo indispensable, el dominio del este de Europa y los Balcanes, y aquí jugaba un papel muy importante el aliado italiano.

Expansión balcánica

El alumno estaba ganando la partida al profesor, ¡y de qué manera! Esta era al menos la sensación que recorría hasta la última neurona de Benito Mussolini cada noche antes, después y durante el sueño reparador. Hitler estaba conquistando media Europa mientras que la gran Italia no se había atrevido a mover ficha hasta que se hizo evidente la caída de Francia. Mussolini estaba convencido de que Italia necesitaba, precisaba, de un imperio; así que ideó un plan de expansión que no tuvo más remedio que hacer recaer en los Balcanes. El resto de Europa había caído bajo la servidumbre nazi. Al igual que ocurrió en los casos etíope y albanés, el Duce buscaba aumentar la gloria del estado italiano a base de una victoria rápida y fácil. Desde Albania la expansión habría de desarrollarse a través de Yugoslavia o de Grecia, de manera que escogió a la nación más débil, a priori, de las dos: Grecia sería un bonito trofeo con reminiscencias de la memorable Antigüedad en la que Roma despuntó como el gran poder mediterráneo. La ofensiva comenzó en octubre de 1940. El alto mando italiano diseñó un plan de invasión notablemente chapucero que dejaba muchos flecos sueltos, consistente en provocar, como estilaban los nazis, un *casus belli* que justificaría el ataque. Después, el avance italiano por los montes y ciudades de Grecia sería un camino de rosas cubierto de marchas militares y mujeres mostrando sus dulces y turgentes pechos desde los balcones, deseosas de que les poseyera algún gallardo soldado italiano. Sin embargo, la ofensiva italiana no resultó ser ni parecida a la alemana. Después de la costosísima invasión contra los etíopes y el pobre papel que desempeñaron en la Guerra Civil Española, no podía esperarse que los italianos llevaran su estandarte por Grecia cubierto de gloria. El avance fue mucho más complicado de lo esperado. Los griegos opusieron una resistencia feroz que asustó a los invasores, obligándoles a retroceder en desbandada perseguidos por el pequeño y mal armado ejército griego, que no se conformó con echar a los italianos de sus fronteras, sino que las rebasó, penetrando en la Albania italiana, conquistando un buen trozo de su territorio y anexionando la zona que los griegos llaman Épiro Norte, un territorio al sur de Albania de población de lengua y cultura griega que el nacionalismo griego reivindicaba, y reivindica aún hoy en día, como parte integrante de la nación helena. La Italia gloriosa se cubrió de ignominia. Con la ocupación del Épiro Norte, los griegos pararon la ofensiva. Podrían haber continuado hasta ocupar toda Albania, de hecho los italianos estaban completamente horrorizados después de comprobar la bravura de los feroces griegos; pero Metaxas, el dictador de Grecia, prefirió no meterse en aguas más profundas. Declaró una benévola neutralidad en el conflicto mundial y su no enemistad para con las potencias del Eje. Sin embargo, Metaxas fallece a primeros de 1941, y su sucesor,

Alexandros Koryzis, no tendrá la misma opinión que él en este asunto. Koryzis pidió ayuda a los británicos ante otra posible embestida italiana, posicionando completamente a los griegos en una neutralidad muy proalidada que disgustó profundamente al dictador alemán. El Führer no podía permitir que, en vísperas de la invasión de la Unión Soviética, anduvieran pululando por Grecia las tropas británicas, tan cerca además del petróleo rumano que tanto necesitaba. El flanco balcánico debía de ser completamente seguro, sin intromisiones británicas, para poder atacar a la URSS con garantías. En consecuencia, Hitler, sin más miramientos, decidió atacar a Grecia y Yugoslavia. En el caso yugoslavo, que fue el primer país invadido, también se estaba esforzando en mantener una neutralidad imposible. Hitler obligó al monarca yugoslavo, por medio de presiones de todo tipo, a firmar un acuerdo de adhesión al Pacto Tripartito, que incluía a Eslovaquia, Hungría y posteriormente a una Rumanía territorialmente menguada en favor de los magiares. El gobierno terminó accediendo, lo que provocó un golpe de estado militar a fin de reconducir una política que el ejército, serbio en sus tres cuartas partes, consideraba errática y problemática. Este contratiempo rompía los planes de Hitler, que necesitaba a una Yugoslavia fiel para no tener problemas de retaguardia una vez iniciada la campaña rusa, de manera que tras el golpe militar y el desconocimiento del Pacto Tripartito por parte del nuevo gobierno, tomó la decisión de *aliar* a aquella potencia por las malas, dando luz verde a la invasión. Grecia y Yugoslavia cayeron con suma facilidad, humillando así aún más al orgullo del ejército italiano, que no había sido capaz de doblegar a un país que contra los alemanes cayó como un castillo de naipes. Grecia sufrió la dictadura de un gobierno colaboracionista dirigido por el general Tsolakoglu, y se dividió en varias partes, asignando zonas a Italia, Bulgaria y la propia Alemania. Igualmente, Yugoslavia fue diseccionada en varias partes, algunas de las cuales fueron anexionadas por las potencias aliadas a Hitler mientras que el grueso se dividió en dos partes: por un lado, un estado croata territorialmente inflado que englobaba Bosnia y la propia Croacia, y por el otro el resto de Yugoslavia, la parte serbia, con un gobierno títere de los alemanes. Ambos estados, completamente independientes entre sí, fueron dirigidos por sendos grupos fascistas: los ustachas en Croacia, que con la complicidad del clero católico local llevaron a cabo una de las más terribles campañas de limpieza étnica contra gitanos, judíos y serbios; y los Chetniks en Serbia, de origen monárquico y componendas fascistas, que lucharon contra el comunismo con métodos bastante *balcánicos*.

Mientras tanto, la guerra se extendía a las colonias en el norte de África. Allí los italianos estaban siendo arrollados por los británicos en sus posesiones norteafricanas, sufriendo derrota tras derrota, hasta que los alemanes acudieron en su ayuda en previsión de que los aliados pudieran terminar por dominar completamente la zona, amenazando así a la Europa ocupada. Para atajar esta posibilidad, el Tercer Reich creó el Afrika Korps, un cuerpo militar al mando de Edwin Rommel, el mariscal que llegaría a hacerse famoso con el apodo de *el Zorro del Desierto*, que sorprendió a los británicos y los derrotó iniciando así una serie de recuperaciones de terreno que igualaron la contienda. A pesar de ello, Hitler siempre consideró al escenario africano como una especie de engorro que, sin embargo, era importante mantener.

Finalmente, se dispuso todo para iniciar la ofensiva en el este. La Operación Barbarroja unió prácticamente a todos los países de la Europa continental bajo el liderazgo nazi. Fue la etapa más gloriosa del Tercer Reich. Los soviéticos ya estaban advertidos de la inminencia de la invasión. De hecho, no era ningún secreto. Ante esto, Stalin consideró que lo mejor era estar a buenas con el dictador nazi y reconoció a los estados títeres del nacionalsocialismo, deslegitimando a los gobiernos exiliados que sí que eran reconocidos por los aliados, que en ese momento no eran más que el Reino Unido, los paíscs dc su Common wealth y el pequeño de Gaulle con su Francia libre. Pero Alemania estaba dispuesta al ataque y no iba a suavizar su política por esto.

El 22 de julio de 1941 se inicia la mayor operación militar de la historia. El ataque del combinado multinacional liderado por los nazis se distribuyó en tres frentes: por el norte, cuyo objetivo era la toma de Leningrado; por el centro, hacia Moscú, la ruta por la que más tropas se destinaron y por donde más rápidamente se avanzó; por el sur, a través de Ucrania, Crimea y el fértil Cáucaso, la despensa de la URSS. Al principio el avance alemán se desarrolló muy veloz y sin problemas, los soviéticos se batían en retirada ante la superioridad táctica, militar y tecnológica alemana, pero las enormes distancias, la población hostil y más tarde el pavoroso invierno ruso —el G*eneral Invierno,* que ya había derrotado a las tropas napoleónicas a principios del siglo anterior—, terminaron por ralentizar el avance y en ocasiones, paralizarlo. Hombres y máquinas resbalaban en el hielo, las enfermedades hicieron estragos entre la tropa y el desánimo cundió por todos lados. Hambrientas, reventadas y enfermas, las tropas alemanas no resistieron los esporádicos ataques del Ejército Rojo. Había que retroceder para descansar y después volver a tomar posiciones, pero Hitler no lo permitió. Se empecinó en su idea de que los soldados alemanes no retrocedían ni un centímetro, y ni uno solo retrocedieron. De esta manera comenzó a perderse Rusia y la propia guerra mundial. Los alemanes sitiaron Leningrado y Moscú, pero aunque estuvieron muy cerca de conseguirlo, no tomaron ninguna de las dos ciudades. El sitio de Leningrado fue una de las historias de resistencia civil más épicas de la historia del siglo XX. Paralizados por el hambre y el frío, los sitiados sacaron fuerzas de flaqueza y colaboraron en la lucha contra el enemigo disparando, rehaciendo las fortificaciones defensivas y ayudando en cualquier tarea que fuera necesaria. Las diferentes ofensivas contra Moscú, que hicieron plantearse la huída al mismo Stalin, tampoco dieron frutos y finalmente, durante el sitio de Stalingrado, en el sur, donde se luchó casa por casa y que duró desde septiembre de 1942 hasta enero de 1943, las tropas de Ejército Rojo dieron la vuelta a la tortilla tomando, por primera vez, la iniciativa de una ofensiva a gran escala que supuso la primera retirada masiva del ejército alemán. Este hecho, sumado a la entrada de los Estados Unidos en la guerra (diciembre de 1941) supuso un cambio de tornas en la guerra y el principio del fin del predominio nazi en Europa.

El nuevo orden europeo

Las fulminantes victorias del fascismo alemán en el campo de batalla dibujaron, en poco tiempo, un nuevo mapa de Europa que trastocó las fronteras, la diplomacia y las esferas de poder tanto o más que los tratados de paz de 1919. Esta vez la balanza caía pesadamente del lado alemán. Hitler se convirtió en el dueño de los destinos de millones de europeos, en una especie de gran emperador ante quien las naciones del continente rogaban clemencia, ayuda o amistad. El otrora aliado italiano se transformó, a efectos prácticos, en un satélite más de la galaxia nazi que, sin reconocer su nuevo status, viajaba en el furgón de cola de los alemanes para hacerse con las migajas del imperio que estos estaban construyendo. Las fronteras de Alemania se ensancharon y desde los Pirineos hasta las puertas de Moscú, Europa entera se hallaba postrada a sus pies. Conquistados, bajo regímenes satélites o directamente títeres, o desde la neutralidad aduladora de la España de Franco, todas las naciones del continente europeo sufrieron grandemente la influencia de la nueva situación. Cabe señalar, sin embargo, la evidente discriminación de trato que los germanos imprimieron a los diferentes países, siguiendo fielmente la jerarquía racial nazi. A grandes rasgos, su presencia en Europa occidental y Escandinavia fue mucho más suave y relajada, permitiendo en el caso danés incluso la continuidad del sistema de partidos; una ocupación deliberadamente benévola en la que las autoridades locales siguieron siendo las mismas y en la que la única diferencia considerable fue que, de la noche a la mañana, habían pasado de una democracia a una dictadura. Los propios ciudadanos alemanes pocas diferencias podían tener con respecto al modo de vida de la Dinamarca, Holanda o Luxemburgo ocupadas. Por contra, en el este la población civil fue tratada sin respeto, como si de animales se tratara, y finalmente masacrada. En Polonia se llevó a cabo un verdadero experimento de exterminio de judíos y polacos sin parangón en toda la historia de la humanidad. El objetivo era dejar el terreno libre para una progresiva ocupación alemana que ya se estaba dando, a fin de crear un gran imperio destinado a durar mil años que habría de expandirse desde Alsacia hasta los Urales, y en el que se construirían grandes autopistas que unirían sus magníficas urbes repletas de ciudadanos racialmente puros y plenamente conscientes de su superioridad genética con respecto al resto de las razas humanas. En aquel mundo de fantasía soñado, diseñado y llevado a la práctica por Hitler hasta sus dramáticas consecuencias, se establecería un sistema esclavista en el que los polacos, rusos y eslavos en general estaban destinados a ser los siervos y los arios sus amos y propietarios. Los eslavos tendrían prohibido el acceso a la educación, a saber contar más de quinientos y a la capacidad de leer y escribir, manteniéndoles en un estado de analfabetismo sumiso que asegurase la fidelidad a sus señores arios, a los que no podrían nunca superar en número, siendo la correspondencia estimada la de diez eslavos por cada cien arios. Se habría de formar así una gran civilización aria que no decaería mientras sus miembros se mantuvieran lejos de la mezcla racial.

Al contrario que estos países, Europa occidcntal no cra zona dc cxpansión aria, de manera que sus naciones no fueron objeto de ningún tipo de limpieza racial, a excepción de los judíos. Una vez ganada la guerra, los países arios que territorialmente no entraban dentro del proyecto del Reich de los Mil Años (ingleses, holandeses, etc), serían invitados a integrarse en él, mientras que los pueblos latinos del occidente mediterráneo (españoles, italianos, etc) se convertirían en una especie de trabajadores oficiales de segunda clase sin derecho a parangón con los supremos arios.

Por cercanía y por haber sido el espacio más tempranamente ocupado, Polonia fue el primero y más notable campo de pruebas de las doctrinas de superioridad racial nazis. El Gobierno General se organizó bajo una administración militar que habría de ser modelo para los territorios que se irían añadiendo a las conquistas alemanas en Europa oriental. De esta forma, los territorios orientales se organizaron en tres grandes zonas, a saber: el Gobierno General de Polonia, Ucrania y Ostland (literalmente, *país del este*), que ocupaba la zona de Bielorrusia y los estados bálticos. Estas tres zonas se dedicaron sustancialmente al exterminio de los indígenas y la colonización aria, aunque por causas explicadas más arriba fue en Polonia donde más avanzado iba el experimento. A pesar de que se intentó atraer a muchos arios vendiéndoles las tierras de los polacos expatriados a un precio muy bajo al de su valor real, la colonización en la zona anexionada no resultó muy fructífera, de manera que se tuvo que recurrir a planes de reubicación forzosa de germanos externos al propio estado alemán, como alsacianos o tiroleses del sur. Mientras tanto, los polacos se amontonaban dentro de los límites del Gobierno General, un enorme campo de trabajo al aire libre, en palabras del gobernador alemán Hans Frank, un hombre que llegó a afirmar que los polacos no debían tener acceso al conocimiento, a lo más a saber interpretar las señales de tráfico para que los vehículos de los alemanes no les atropellasen como a perros. Los primeros perseguidos en Polonia fueron los judíos, cómo no, y los intelectuales. En consonancia con las palabras de Frank y los deseos del propio Hitler, a los polacos se les prohibió el acceso a la enseñanza superior, siendo concentrados en ciudades ajenas después de haber sido despojados de todas sus propiedades. Cada una de estas ciudades contenía un ghetto lleno de judíos polacos y con el tiempo de otras nacionalidades, del que no podían salir bajo pena de muerte. Los judíos eran, pues, los apestados de entre los apestados. El ghetto polaco se convirtió para los judíos de media Europa en la antesala de los campos de exterminio.

Polonia y Rusia fueron los dos países que sufrieron con toda su crudeza la política de exterminio racial. En cambio, la Europa balcánica no pasó por el mismo trance, no porque los alemanes no los consideraran racialmente inferiores, sino porque en un primer momento la expansión por aquella zona no entraba en sus planes. Cuando la potencia nazi tuvo que plantearse el ataque a la URSS, giró la mirada a los Balcanes, forzando la servidumbre bajo la amenaza de invasión. Una Alemania victoriosa que había derrotado a Francia en un tiempo récord y estaba bombardeando a Inglaterra día sí y día también, era un vecino terrible ante el que no cabía más que intentar llevarse muy bien con él. Hungría y Rumanía en seguida se tornaron en estados vasallos, Bulgaria mantuvo una neutralidad sonriente, Finlandia se puso del lado alemán para recuperar los territorios perdidos en la guerra ruso-finlandesa, y los demás fueron invadidos sin contemplaciones. De esta forma, Bohemia y Moravia se convirtieron en un protectorado alemán a la espera de una futura germanización, Eslovaquia era un estado satélite y Serbia y Croacia emergieron de los restos de la fenecida Yugoslavia como títeres de una Alemania que, mirara a donde mirara, había liquidado de un plumazo a todos sus enemigos continentales. Comenzando por el extremo oriental de Europa, la URSS había mantenido una estricta política de no agresión hasta la ruptura de las hostilidades por parte de Alemania. Cuando dio comienzo la operación Barbarroja, Hitler utilizó el deseo de independencia del nacionalismo ucraniano para hacerse con el control del territorio, desgajándolo con facilidad de la Unión Soviética y creando allí un Comisariado del Reich que imitaba en cierto modo, o parecía tener visos de imitar en un futuro, al Gobierno General de Polonia. Un poco más al oeste, Bulgaria y Grecia mantenían una respetuosa complicidad con el gigante alemán, pertrechado el primero de una estrategia aduladora y temerosamente colaboracionista, y gobernado el segundo por un régimen pronazi, dividido y ocupado bajo un régimen de terror muy diferente a la apacible ocupación que sufrieron los países occidentales. No es de extrañar que fuera precisamente en este país y demás territorios ocupados del este europeo donde surgió una nutrida y poderosa guerrilla de resistencia que puso en más de un aprieto al ejército invasor. Por su parte, Yugoslavia, como sabemos, fue dividida entre las potencias ocupantes, erigiéndose como principales herederos suyos el estado ampliado de los ustachas croatas (que incluía Bosnia y la costa dálmata) y una pequeña Serbia que colaboró con el fascismo en la persecución de partisanos y comunistas. Es de notar, sin embargo, que el régimen serbio mostraba una tendencia claramente monárquica, lo que hizo que muchos chetniks se alistaran en las fuerzas partisanas, luchando al mismo tiempo contra partisanos comunistas y contra la ocupación nazi. Esto no ocurrió en la Gran Croacia favorecida por Adolf Hitler, que practicó una política de limpieza étnica, muy presente aún en la memoria colectiva del pueblo serbio: el régimen ustacha exterminó a más de un millón de serbios que vivían en su territorio, obligando a muchos de ellos a tomar el camino del exilio. Igualmente hicieron con gitanos y judíos, de los que casi lograron una exterminación completa. La limpieza étnica del estado ustacha fue, con mucho, la que más se acercó, en pequeño, a la que llevaron a cabo los alemanes a nivel europeo.

Rumania también se vio obligada a rendir vasallaje a la Alemania nazi. Después de que la dictadura monárquica de Carol II hubiera liquidado prácticamente a los fascistas de la Guardia de Hierro, el gobierno se arrimó desesperadamente a la alianza franco-británica. Sin embargo, la inesperada derrota de los aliados y el posterior derrumbamiento francés dejaron sin protección a Carol II, que no tuvo más remedio que recular si no quería sufrir una invasión, como había ocurrido en los casos de Yugoslavia y Grecia; más aún sabiendo que los ojos del dictador alemán estaban puestos en los pozos de petróleo que debían de alimentar la operación Barbarroja. Asustado, el monarca pretendió revestir al régimen de una manera que agradara más a los alemanes, y formó un nuevo partido único en el que tenían cabida los legionarios de la Guardia de Hierro, como signo de buena voluntad hacia ellos. Sin embargo, y a pesar del ofrecimiento, la base popular de los legionarios no vio con buenos ojos el hecho de que quien les había combatido tan ferozmente ahora les ofreciera una alianza aderezada con las mieles del poder. Como consecuencia, nombró a Ion Antonescu, un militar conocido por su furibundo anticomunismo, como primer ministro y a efectos prácticos, dictador, dimitiendo del cargo por petición del propio Antonescu en favor de su hijo, el príncipe Miguel. Antonescu, libre ya de cualquier atisbo de carolismo, nombró viceprimer ministro al legionario Horia Sima, formándose así un autodenominado *Estado Nacional -Legionario* con pretensiones de agradar a Hitler. El binomio Antonescu-Sima no fue capaz de controlar las arbitrariedades de los miembros de la Guardia de Hierro, quienes más que poner orden lo quitaban. Así pues, tras varias entrevistas con Hitler en las que hablaron de esta y otras materias, Antonescu se vio legitimado para poner en marcha su plan de exterminio de la Guardia de Hierro. El hecho de que el dictador de Rumanía tuviera que contrastar varias veces la opinión de Hitler sobre un asunto interno, da cuenta de la falta de independencia de un país que, de hecho, se comportaba ya como un satélite de Alemania. Antonescu liquidó así sus cuentas pendientes con la Guardia de Hierro a sangre y fuego con el beneplácito de Hitler. El 15 de febrero de 1941 se abolió oficialmente el *Estado Nacional-Legionario* y los miembros de la Guardia de Hierro volvieron a ser perseguidos y asesinados en masa. A cambio, la Rumanía de Antonescu se convirtió, por necesidad y convencimiento, en uno de los más fieles aliados de la Alemania nazi.

Hungría sufrió el mismo proceso que su vecina. Las victorias alemanas aconsejaron al gobierno seguir por el camino de la prudencia, de manera que dio un giro en su política sacando de la cárcel al líder fascista de referencia en Hungría, Ferenc Szalasi. La Cruz Flechada interpretó este hecho como una victoria sobre Horty, quien además se plegó a dar mayor permisividad a las actividades de esta formación política. Szalasi y los suyos lograron de este modo aumentar su ascendente sobre la población, algo que el regente no sabía si continuar permitiéndolo o reprimirlo de alguna manera que no disgustara a los alemanes. En lo que se equivocaban tanto rumanos como húngaros era en que los fascistas alemanes no tenían ningún tipo de simpatía o lazo de unión *familiar* con los fascistas de sus respectivos países. Nada de eso, a los alemanes lo que les interesaba era controlar ambas naciones, dos de las más importantes de cara a la próxima invasión a Rusia, y les daba igual el signo de sus gobiernos mientras se mantuvieran fieles al Eje y fueran capaces de conservar el orden interno. Alemania prefirió a un gobierno autoritario como el de Horty antes que apoyar a un gobierno dominado por los impredecibles miembros de las Flechas Cruzadas. Hitler se limitó a sostener al regente imponiéndole la inclusión en su gabinete de elementos más proclives a sus intereses geoestratégicos, no necesariamente miembros de la Cruz Flechada. La mayoría de los fascismos del este resultaron, además de variopintos y en muchos casos tan surrealistas como crueles, difíciles de controlar, de manera que Horty finalmente comprendió que para subsistir había que desarrollar una política que no integrara a la Cruz Flechada en el gobierno, pero fiel a Alemania, y es lo que hizo. Cuando las cosas empezaron a ponerse feas para los nazis, Horty intentó romper sus lazos con Alemania, declarándose favorable a sus enemigos. Esta insubordinación obligó a Hitler a ordenar, no sin desgana y cierta contrariedad, la ocupación del país. Eliminado el gobierno Horty, al Führer no le quedaba otra opción que tomar personalmente el poder o nombrar a Szalazi para el cargo de dictador, opción esta última por la que finalmente se decantó.

Tanto en Hungría como en Rumania, la política antisemita sirvió fielmente los intereses de los alemanes, transportando a los campos de la muerte a miles de judíos oriundos de aquellos territorios. Igualmente, desde la desaparecida Checoslovaquia miles de judíos fueron deportados al Gobierno General de Polonia para allí ser asesinados. En el caso checo eran las propias autoridades alemanas las que llevaron a cabo esta macabra labor, no en vano Bohemia y Moravia era un protectorado germano, pero en el caso de la Eslovaquia independiente no fueron los alemanes, sino las propias autoridades indígenas, indudablemente deudoras de Hitler que les había dado la independencia[4], quienes desarrollaron aquella terrible política de persecución antisemita más grave si cabe porque aquella primera Eslovaquia independiente estaba gobernada por Josef Tiso, un sacerdote católico que no tuvo empacho en enviar a los campos de concentración a tantos seres humanos.

La ocupación en Europa occidental se desarrolló por unos cauces muy diferentes. En general, los alemanes retuvieron el control político y militar, dejando a la población civil hacer su vida como hasta entonces, a menos, claro, que se levantaran contra las nuevas autoridades. Los europeos occidentales sufrieron los inconvenientes típicos de un país ocupado, algo que de por sí es muy oneroso,

4 Una independencia teórica ya que, como el resto de Europa, no eran más que un régimen títere con apariencia de soberanía, lo que quedó demostrado cuando al final de la guerra los alemanes anularon el gobierno eslovaco, controlando el país desde Berlín.

pero que evidentemente no es mucho en comparación con lo que tuvo que pasar la población civil de Polonia, Rusia, Grecia o Yugoslavia. Los judíos fueron los principales damnificados de occidente, ya que estos sí que fueron perseguidos, aunque de manera un poco más civilizada que en oriente. Mientras en Rumanía, Hungría, Eslovaquia o Croacia, los judíos eran deportados y eliminados sin contemplaciones, en la Europa occidental se siguió una política de exterminio progresiva, tal y como lo habían hecho en Alemania antes de la guerra. Se comenzó por prohibiciones tales como la de hacer uso del trasporte público, después llegó la segregación y finalmente la deportación a los campos de exterminio. A algunos se les dio la alternativa de la esterilización, pero esto no pasó de ser una mera anécdota sin pretensión de cumplirla realmente, porque todos los judíos debían de ser eliminados de la faz de la tierra. No debía quedar ni uno solo, aunque fuera un bebé.

Entre los diferentes países europeos conquistados también existía una jerarquía. Así como los países nórdicos como Holanda, Luxemburgo y la región flamenca de Bélgica eran consideradas zonas de población aria, y por lo tanto potencialmente anexionables al Reich, Francia y el resto de Bélgica, consideradas latinas, tuvieron un estatus inferior. Así pues, Francia y la Bélgica valona sufrieron una administración militar similar a la de Grecia, aunque infinitamente menos cruenta, mientras que las naciones arias gozaron de una ocupación suave, civil y no militar, y en algunos casos, como el danés, encarnada por los mismos dirigentes de antes de la guerra. Dinamarca fue el único país en el que no se impuso una dictadura, hasta 1943; Noruega vivió bajo la administración de un gobierno colaboracionista, y Holanda y Luxemburgo sufrieron una política de asimilación que terminó con la anexión de Luxemburgo como provincia alemana en 1942. Bélgica y Francia no fueron objeto de asimilación a excepción de Flandes (en Bélgica) y Alsacia-Lorena (en Francia), que fueron anexionadas al Reich. Algunas zonas del norte de Francia fueron unidas administrativamente a Bélgica, con el extraño estatus de zona prohibida, presuntamente objeto de una hipotética germanización futura que, de momento, no iba a ocurrir. La zona prohibida era, además de la que fue anexionada a Alemania, la única parte de Francia sobre la que el gobierno de Pétain no podía ejercer soberanía. El resto, incluida la enorme porción ocupada, caía sobre el papel, bajo mandato de Vichy. De esta manera se creó la ilusión de que el país no se había dividido, de que seguía existiendo una Francia y no dos, con la salvedad de que una de ellas estaba repleta de tropas alemanas a cuyo mando se encontraba un gobernador militar radicado en París. En realidad, la Francia de Vichy solamente ejerció autoridad en la pequeña parcela que los alemanes le dieron en Compeigne.

Philippe Pétain, mariscal de Francia y uno de los hombres más importantes de la Primera Guerra Mundial, fue nombrado gobernante de Francia después de la ruptura de las defensas galas, por decisión del dimisionario Reynaud y aceptación del pleno del Parlamento. Al mariscal le tocó, pues, firmar el acuerdo más humillante de la historia de Francia del siglo XX: la rendición. Aquel acuerdo dejaba el país, como se ha dicho más arriba, dividido en dos, la Francia ocupada y la de Vichy, siendo la segunda gobernada desde aquella pequeña ciudad-balneario por el propio mariscal Pétain. Vichy se declaró neutral, pero los pactos firmados con Alemania le convirtieron muy a su pesar en una nación colaboradora que suministró materias primas, judíos y trabajadores franceses al Reich. Esta fluida colaboración franco-alemana no fue óbice para que las potencias anglosajonas reconocieran al gobierno Pétain. El Reino Unido y los Estados Unidos de América instalaron en Vichy sendas embajadas desde el primer momento, y solo a medida que los acontecimientos políticos y militares comenzaron a marcar una línea favorable a Charles de Gaulle y su Francia Libre, Vichy dejó progresivamente de ser un interlocutor legítimo para los aliados.

Pétain organizó su estado siguiendo una política acorde a sus ideas de octogenario decimonónico. Bajo el poco revolucionario lema de *Trabajo, Familia, Patria*, se organizó una dictadura personalista de alto contenido conservador, bajo la férula de la cual se congregaron todos los derechistas de Francia. Los fascistas, sin embargo, renegaban del sistema que el mariscal estaba imponiendo, y después de que varios proyectos fascistizantes de Marcel Déat fueran rechazados por el gabinete de

Pétain, los pocos fascistas que quedaban en aquella zona tomaron el camino de la Francia ocupada, donde se sentían más a gusto. El fascismo francés tuvo su principal centro de operaciones en el París gobernado por los nazis, colaborando activamente con los teutones, hacia quienes les unía un ideario más o menos revolucionario, algo muy lejano del aborrecido régimen derechista de Vichy que muchos fascistas no podían ver ni en pintura. Con el mariscal la religión volvió a tener un peso específico en la vida cotidiana, y se dio mucha importancia a la familia como eje vertebrador de la sociedad. Se implantó un sistema de corporativismo familiar basado en el sufragio por familias, suprimiendo los partidos políticos y la independencia del poder judicial. Esta era la tan cacareada Revolución Nacional de Pétain. Para los fascistas, una verdadera decepción; pero ¿qué se podía esperar de un anciano que tres cuartas partes de su vida habían trascurrido en el siglo XIX? Definitivamente, el régimen de Vichy no fue fascista. Una de las grandes diferencias entre un fascista y un dictador militar estriba en que, mientras al primero su ideología inconformista y antisistema le mueve a convertirse en un criminal, el segundo se convierte en criminal precisamente por todo lo contrario: su falta de cultura le convierte en un defensor a ultranza del inmovilismo y la parálisis.

HOLOCAUSTO

Una de las dedicaciones cotidianas de la Europa dominada por los nazis fue expedir trenes y más trenes repletos de judíos para que fueran internados en los campos de concentración. Los países satélites, los aliados y, cómo no, los ocupados, colaboraron muy activamente en la persecución y deportación de hebreos y otras razas tachadas de indeseables, como por ejemplo los gitanos. Debido a la magnitud de los desplazamientos y la quema de la documentación que poseían las SS, se desconoce el número total de personas que fueron asesinadas en los campos de concentración y de exterminio durante la Segunda Guerra Mundial, aunque se calcula que un total de seis millones de judíos fueron eliminados sistemáticamente por el simple hecho de pertenecer a aquella raza. Tres millones de polacos fueron asesinados por la misma razón, ser de una raza indigna. Igualmente ocurrió con los rusos y los gitanos, una etnia que se calcula que perdió entre un cuarto y la mitad de su población total en Europa a manos de las SS. Estos datos responden a individuos fallecidos por medio del sistema de campos de concentración y exterminio nazis, pero a este número hay que añadir los asesinados directamente por medio del fusilamiento, trabajos forzados y similares, de manera que se nos hace verdaderamente imposible hacernos una idea de la magnitud del asesinato colectivo que se llevó a cabo en Europa durante aquellos años.

Los campos de concentración nazis comenzaron a florecer por toda la geografía alemana una vez que Hitler se hizo con el poder. En principio se trataba de cárceles al aire libre donde se reunía a ladrones, homosexuales o adversarios políticos a la espera de lo que se decidiera hacer con ellos. Para la Gestapo no era necesario ningún permiso judicial para espiar, registrar los domicilios o retener a los sospechosos de cualquiera de estos delitos, e igualmente el ingreso en un campo no estaba sancionado por ningún organismo judicial. Todo elemento considerado peligroso o indigno para el régimen terminaba dentro de las alambradas de un campo de concentración. A partir de la deportación masiva de judíos a Polonia, comenzó la construcción de los primeros campos de exterminio, dedicados al asesinato en masa. La mayoría de los campos de exterminio nazis fueron erigidos en territorio polaco: Auschwitz, Treblinka, Sobibor, Belzec… Millones de judíos de toda Europa fueron trasladados a aquellos lugares de horror para ser exterminados, cientos de trenes cargados hasta las trancas circulaban desde todos los puntos cardinales del continente en la misma dirección: Polonia, para descargar su mercancía humana. La resistencia polaca fue la primera que dio el aviso de lo que estaba sucediendo: *en Polonia se está exterminando a la población, a toda la población. Niños, ancianos, hombres, mujeres…*

Todos. Pero la comunidad internacional no pareció dar credibilidad a unos partisanos incultos que hablaban de unas matanzas masivas que no podían acaecer más que en la imaginación de unos pocos aldeanos impresionables.

La política de exterminio se llevó a cabo siguiendo un minucioso plan coordinado desde la Oficina Central de Colonización y Raza, radicada en Berlín. Su principal responsable ante Hitler era Heinrich Himmler, máximo jefe de la Gestapo y las SS y uno de los hombres de confianza del Führer. Tras esta oficina se escondían las SS, quienes, como cuerpo fiel a los dictados del nacionalsocialismo hitleriano y miembros sin mácula de la raza aria, tenían por encargo realizar el trabajo sucio de reorganizar los territorios conquistados y limpiarlos de razas indeseables. Los SS encargados del exterminio formaban un grupo especial, los *Einsatzgruppen*. Una vez conquistado un determinado espacio de Europa oriental, su labor consistía en perseguir, clasificar y agrupar a los miembros de la raza inferior. Los rebeldes eran asesinados en el acto y enterrados en fosas comunes. Los demás quedaban libres a la espera de ser internados en los campos de concentración.

El campo más importante fue Auschwitz-Birkenau, un enorme complejo de 175 hectáreas construido muy cerca de Cracovia, que cumplía la doble función de campo de concentración y de exterminio. Allí murieron unos cuatro millones de personas, tres millones gaseadas y el resto exhaustas por trabajos forzados, amén de los infelices que tuvieron que hacer de cobayas humanos de los experimentos científicos de personajes como Josef Mengele, doctor del campo y fanático de las teorías de superioridad racial. A la llegada a Auschwitz de los nuevos prisioneros, el doctor Mengele decidía, con una ligera supervisión del nuevo interno, su vida o su muerte. Los útiles para trabajar seguían vivos; los enfermos, los débiles, los niños y los ancianos serían asesinados al momento, a excepción de los que escogía para realizar sus horribles experimentos consistentes en poner inyecciones de petróleo, realizar estudios sobre los gemelos y el enanismo y diversas malformaciones, además de proyectos para lograr esterilizaciones masivas. Prácticamente todos ellos terminaron muertos o deformes, dando punto y final a su vida aspirando el Zyklon B en la cámara de gas, un compuesto altamente tóxico, mortal de necesidad, utilizado para la fabricación de insecticidas.

Según iba cremándose a los fallecidos, un nuevo grupo de judíos salía del ghetto para ingresar en sustitución de los difuntos, y nuevos judíos traídos en trenes desde toda Europa ingresaban en las plazas libres del ghetto que los anteriores habían dejado libres. Así se cerraba el círculo, el sistema de exterminio masivo que, de no haber terminado la guerra con la victoria aliada, habría liquidado a todos los judíos de Europa. Después de los judíos es perfectamente imaginable que vendrían otros, aunque en este caso el exterminio no debía de ser total, ya que había que dejar algunos miles de eslavos para que desarrollaran labores de servidumbre.

La vida cotidiana en un campo de concentración se resumía en trabajo y más trabajo en unas condiciones francamente penosas destinadas a maltratar el cuerpo de los prisioneros hasta que finalmente, debilitados, fallecían o quedaban completamente inútiles para el trabajo y eran eliminados. Las ocupaciones eran varias según las condiciones del interno y las del propio campo. Así, podrían desarrollar labores de infraestructura para el gobierno —construcción de carreteras, tala de bosques...— o ser utilizados para las diferentes y variadas empresas alemanas que acordaban con el gobierno la recepción de mano de obra a cambio de un dinero que pasaba a las arcas estatales. La jornada laboral comenzaba desde la mañana, a destajo, hasta la noche, con un pequeño momento dedicado a malnutrirse durante la comida y la cena a base de unos alimentos que no llegaban a cubrir las necesidades básicas de calorías y nutrientes que una persona normal necesita al cabo del día. De esta manera, los presidiarios terminaban desnutridos y extremadamente débiles, una situación reforzada por las palizas y los malos tratos de los que eran objeto a diario. Era lo que se llamaba llegar al *estado de musulmán*, debilidad extrema al límite de la muerte, en el que el preso perdía la voluntad y casi la noción de la realidad. El estado final al que, teóricamente, todos los prisioneros, más tarde o más temprano habrían de llegar para que fueran muriendo y así dejar sitio libre a nuevos internos que tomarían el puesto de trabajo de los que ya no estaban allí.

La parábola del cocodrilo

Después de un primer momento de cierta subsidiariedad, las tropas norteamericanas irrumpieron con fuerza en el escenario norteafricano, convirtiéndose en el peso que giró la balanza del lado de los aliados. De esta forma, África se convirtió en una especie de puerta de servicio por la que los Estados Unidos de América penetraron en la guerra europea, todo un hito para una potencia que Churchill sabía que habría de ser decisiva en el resultado final de la conflagración. El gigante americano se había despertado con inusitada fuerza después del ataque japonés a Pearl Harbor, en las islas Hawai, declarando inmediatamente la guerra al imperio nipón y uniéndose a los británicos en la lucha contra el Eje. Cuatro días después de los hechos de Pearl Harbor, el gobierno Roosevelt recibió una esperada declaración de guerra de la Alemania nazi que lo obligó a concebir un despliegue militar a nivel planetario como solamente una potencia de sus características podía realizar. Para alegría del *premier* británico, Roosevelt se implicó con el mismo ahínco en la guerra del Pacífico como en la europea, lo que multiplicó varias veces el número de soldados en combate a favor de los aliados. Churchill tuvo la sagacidad suficiente para darse cuenta de que la intervención de aquella nación ultramarina que hasta entonces había permanecido ajena a los problemas de Europa y el mundo, cambiaría las tornas de la guerra y casi aseguraría la victoria final. Hitler en cambio, subestimó el potencial norteamericano prefiriendo la alianza japonesa, un país que, según sus propias palabras, no había perdido una guerra en tres mil años.

Superado el escenario norteafricano, la alianza angloamericana dio un golpe de efecto penetrando en Sicilia como un cuchillo en la mantequilla caliente. Los italianos no presentaron una gran resistencia, y uno detrás de otro, los diferentes pueblos y ciudades se fueron rindiendo al paso de los invasores. La ocupación de Sicilia descolocó al gobierno italiano, uno de los principales miembros del Eje, y con él a toda la alianza. Sin embargo, la penetración aliada no se llevó a cabo sin problemas ni desaprobaciones por parte de Stalin, quien apremió a Churchill para que los aliados apoyaran el esfuerzo de guerra soviético abriendo un frente en Europa occidental, sin perder tiempo y efectivos en el mediterráneo central. En aquellos momentos el Ejército Rojo estaba rechazando la invasión nazi, recuperaba terreno perdido y amenazaba con avanzar por Europa hasta llegar a Berlín. Pero para eso necesitaba la apertura urgente del frente occidental. Las reclamaciones soviéticas tuvieron una ingeniosa respuesta de Churchill, quien evocando sus días en la India, dibujó como pudo un cocodrilo y se lo mostró a Stalin. Los cazadores de cocodrilos, le dijo, no los atacan nunca de frente, porque les devorarían con sus desarrolladas fauces; tampoco por la parte trasera, porque podrían destrozarles con un golpe de su poderosa cola. Les apuñalan por su punto débil: el vientre. Así es como se caza a los cocodrilos. Con esto quería dar a entender que no era prudente un ataque frontal a la Europa ocupada sin penetrar primero en el suave bajo vientre italiano. Como es de suponer, esta explicación, no exenta de cierto cinismo, no convenció a Stalin, quien aún tuvo que esperar un tiempo a la apertura del frente occidental.

La conquista angloamericana de la isla de Sicilia supuso el derrumbamiento de Italia y de su confianza en sí misma. Los invasores fueron recibidos como liberadores y por primera vez los jerarcas del fascismo discreparon en voz bien alta contra la gestión de Mussolini y su infortunada política exterior de alianza con Alemania. El malestar con la amistad germano-italiana había discurrido, más o menos veladamente, entre los propios miembros del Partido Nacional Fascista desde sus orígenes. Aquella alianza con los vecinos del norte no podía traer nada bueno a los italianos, máxime cuando en muchos de sus planteamientos ambos fascismos resultaban netamente contrarios, comenzando por la propia manera de concebir el mundo. Además, los italianos nunca habían estado preparados ni dispuestos para combatir en una guerra que no les interesaba en lo más mínimo y en la que se descubrían segundones de la gran potencia alemana. Por eso, la penetración aliada en el sur de Italia tuvo la virtud de hacer aflorar bruscamente todas las disconformidades de los italianos con respecto al régimen y a la guerra, encarnándose en una oleada de huelgas y protestas antigubernamentales difícilmente reprimidas que tuvieron más eco aún en cuanto que miembros señalados del propio partido fascista participaron en ellas, gritando consignas contra el gobierno y a favor de un cambio de alianzas. Como si hubieran sido tocados por una varita mágica, los italianos que hace dos días vitoreaban al Duce ahora se volvían contra él llamándole de todo.

No le iban mucho mejor las cosas al aliado alemán, que si bien mantuvo el orden y la fidelidad entre los soldados y el pueblo en general, a medida que las tropas alemanas iban perdiendo terreno frente al Ejército Rojo, los estados satélites hilvanaban planes para abandonar la alianza nazi o incluso para volver sus armas contra Berlín, en previsión de represalias de los nuevos amos soviéticos. Italia recibió una propuesta de Hungría y Rumania para liderar un cambio de alianzas en contra de los alemanes, ahora que las tornas de la guerra habían cambiado, pero Mussolini se mantuvo fiel a Hitler. Aunque no lo sabía, esta fue la última oportunidad del dictador italiano para salvar el pellejo. Mientras tanto, en la Europa oriental las cosas pintaban muy feas para los que habían sido cómplices del fascismo germano. En un intento de ganarse cierta simpatía soviética, el rey Miguel depuso a Antonescu y declaró la guerra a

Alemania. Igualmente pretendieron húngaros y eslovenos, con peores consecuencias. Estos repentinos cambios de bando no lograron evitar que la Unión Soviética iniciara un proceso de limpieza política en aquellos países, destinado a implantar los regímenes comunistas satélites que preconfiguraron el futuro bloque comunista de posguerra. En el frente italiano, el avance de los ejércitos angloamericanos produjo la misma tentación de transfuguismo, lo que debilitó sobremanera la capacidad de reacción del gobierno y sus estructuras. En muy poco tiempo, la soñada Italia imperial se había convertido en una nación rota con un gobierno inoperante, incapaz de plantar cara a los sorprendidos invasores, que se encontraban con vítores y música festiva cada vez que ocupaban una población. La nueva situación de Italia como teatro de guerra obligó a las tropas del ejército alemán a trasladar un importante número de efectivos al territorio, lo que ralentizó considerablemente el avance aliado desde el sur, donde ya había comenzado a formarse un protogobierno tras el que volvieron a organizarse los partidos políticos tradicionales que en la Italia fascista habían estado prohibidos. Las constantes protestas en el entorno de Mussolini le llevaron a configurar un nuevo gobierno del que quedaron fuera todos los partidarios de romper lazos con Alemania. Acostumbrado a ejercer una dictadura incontestable, el Duce no se apercibió del tremendo poder que, en el partido y en la propia sociedad civil, tenían los expulsados, que inmediatamente iniciaron una campaña de salvación nacional para que fueran los propios fascistas quienes segaran la cabeza de Mussolini. Como consecuencia, en julio de 1943 se celebró una sesión extraordinaria del Gran Consejo Fascista en la que se tomó la decisión de destituir a Mussolini y reponer al rey en sus poderes como jefe de estado y mando supremo de las fuerzas armadas, atribuciones que, en su momento, el Duce se había encargado de arrebatar. La medida aprobada por el Gran Consejo Fascista, un órgano cuyos representantes eran escogidos cuidadosamente por el dictador y que siempre había comido de su mano, sancionó el malestar de los propios fascistas con la situación a la que les había llevado su líder. Al día siguiente, el rey firmaba la destitución oficial de Mussolini como máximo representante del gobierno italiano y decretaba su ingreso en prisión. Mussolini, estupefacto por lo inaudito de la situación, cayó en una abulia cercana a la depresión de la que nunca se repuso, convirtiéndose en una sombra de lo que había sido, un pelele sin voluntad, derrotado y con peligrosas tendencias suicidas que le llevaron a intentar cortarse las venas en prisión. Al día siguiente se formó un nuevo gobierno, al frente del cual se colocó a un militar, Pietro Badoglio. Aupado por los fascistas pero con el apoyo de las fuerzas militares y conservadoras, el gobierno de Badoglio tuvo que mantener un difícil equilibrio a nivel interno y externo. En el primer caso, intentó liquidar el fascismo sin que los jerarcas que lo habían apoyado pudieran reaccionar y en el segundo caso, debía de salvar las apariencias con Berlín manteniendo la alianza alemana al tiempo que iniciaba conversaciones secretas con los aliados para firmar la paz. Ambos campos se encontraban imbricados, ya que los angloamericanos no aceptaban ningún tipo de supervivencia fascista. Así pues, apoyado por las clases conservadoras y los gobiernos aliados, el gobierno Badoglio desmontó de un manotazo la estructura institucional anterior, disolviendo el Partido Nacional Fascista, el Gran Consejo, el sistema unipartidista y declarando finiquitado el fascismo en Italia. Mientras tanto, progresan las conversaciones con el alto mando aliado para firmar un armisticio que se hizo público el día tres de septiembre. La respuesta alemana fue fulminante. Las tropas nazis ocuparon el norte y el centro de la península, con la consigna de tratar a Italia como zona conquistada y defenderla con uñas y dientes para evitar la progresión aliada. El encono de Hitler llegó a tal magnitud que afirmó que después de la victoria alemana, los italianos desearían la suerte de Polonia. Como consecuencia de la represión alemana, la familia real escapó a Brindisi, capital de la Italia liberada y de un atisbo de gobierno con forma monárquica que crecía bajo la protección de los angloamericanos. El 13 de octubre el atisbo de gobierno declara la guerra a Alemania.

El último acto del fascismo italiano

Con Mussolini preso, el gobierno fascista eliminado y una monarquía cuasilegitimada en el sur, parecía que esta era ya una guerra de liberación contra los ocupantes alemanes. Sin embargo, el desarrollo de los acontecimientos abrió un nuevo escenario que transformó a la guerra de liberación en una guerra civil entre la Italia proaliada y una inopinada Italia fascista de nuevo cuño, la República de Saló. El hecho que forzó esta situación lo protagonizó un miembro de las SS, Otto Skorzeny, a quien Hitler ordenó planear la fuga del italiano. En una acción digna de una película de Hollywood, Skorzeny se dirigió a la estación de esquí del Gran Sasso, donde se hallaba encarcelado el Duce, lo liberó y lo condujo vía aérea a presencia de Hitler, en Alemania. Hitler conminó a Mussolini a que en aras a la victoria futura, que creía segura, se prestara a liderar un estado tapón entre los aliados y la Austria alemana. De esta forma, un Mussolini sin voluntad para rebatir las palabras de Hitler fue reexpedido a Italia para ponerse al frente de un nuevo estado fascista totalmente supeditado al dominante nazi. Así se formaron las dos Italias más arriba comentadas: la del sur, con formato monárquico y completamente girada del lado aliado, donde resucitaron todos los partidos políticos del prefascismo, excepto el PNF; y la del norte, con centro en la pequeña población de Saló, donde se concentraron los fascistas más radicales, muchos de ellos revolucionarios de primera hora que dieron un giro al estado, en un intento sincero de corregir los errores del primer fascismo. Esta última experiencia fascista italiana se denominó oficialmente República Social Italiana (RSI), pero es más conocida como la República de Saló. Escarmentados por la *traición* de la monarquía y su corte de burgueses y capitalistas, el nuevo estado se declaró republicano y fiel continuador de la línea de pensamiento y actuación del primer fascismo, tachando como un sublime error la deriva derechizante que tomó el anterior gobierno fascista y mostrándose favorable a la construcción de un estado social y revolucionario en el que los trabajadores tendrían voz y voto en el desarrollo y gestión de las industrias, las más importantes de las cuales serían nacionalizadas. La protección exterior de la República de Saló fue confiada a las tropas alemanas, que ya defendían una gran franja del centro de la península, incluida la ciudad de Roma, a la que no tenían acceso los de Saló. A cambio de esta *protección*, la república perdió el Tirol del sur y territorios anexos del Trentino y el Véneto, que fueron unilateralmente anexionados al Tercer Reich. De esta forma, el antiguo aliado italiano finalizó el proceso de degradación progresiva que le llevó a convertirse en un estado vasallo liderado por un monigote en manos de Hitler. Tal y como ocurrió con otros estados satélites, Saló se hizo exportador gratuito de materias primas y trabajadores.

Para comenzar a organizar su estructura institucional, la República Social Italiana precisaba de un renovado partido único. A tal efecto, se creó el Partido Republicano Fascista, cuyo principal objetivo era la recuperación de la pureza doctrinal del fascismo basándose en los estatutos de los fascios de combate de 1919. Esta pretensión llevó adyacente la nacionalización y cogestión obrera-patronal de muchas empresas en muy poco tiempo, y una campaña de viviendas sociales muy agresiva que pretendió, infructuosamente, ganarse las simpatías de las capas más desfavorecidas de la sociedad. Las proclamaciones izquierdistas y revolucionarias de los nuevos gobernantes no calaron en la población, que desconfiaba de aquel fantoche fascista que les habían impuesto desde Berlín y que se afanaba dramáticamente en esconder su completa dependencia de Alemania. La República de Saló tuvo que hacer frente a una repulsa popular que se hizo patente en numerosas partidas guerrilleras que practicaron una eficaz labor de desgaste por medio de emboscadas, sabotajes y obstrucción de caminos. Los partisanos se extendieron como la pólvora por todo el territorio italiano, demostrando una capacidad militar nunca vista antes en la guerra mundial, cuando eran encuadrados en un ejército regular. Los italianos resultaron ser mucho más valiosos como partisanos que como soldados al uso. Parece que los líderes de la República Social se dieron cuenta de ello, y organizaron a los miembros del partido en cuadros de milicianos denominados Brigadas Negras, dedicados a la lucha antipartisana. Todos los miembros del Partido Republicano Fascista que fueran mayores de edad y menores de 60 años estaban obligados a militar en las Brigadas Negras. Así se construyó un partido militarizado que, sin embargo, no suplió las labores del ejército regular republicano de Saló, pero que completó mucho su labor. Atendiendo a este, se ha de recalcar que los soldados de Saló solamente tenían encomendadas labores en la retaguardia, ya que los alemanes no se fiaban de su capacidad militar, prefiriendo pelear ellos directamente contra el avance de los aliados por la península italiana.

En su compromiso con los alemanes, Saló desarrolló una política netamente fascista, muy acorde a los consejos de Hitler de no dejar vivo a nadie que pudiera interferir en el dominio absoluto del dictador. Mussolini para entonces era ya un pelele plegado a los deseos del Führer, pero aún era útil porque su nombre todavía emanaba cierto prestigio. Fiel a las recomendaciones de Hitler, en enero de 1944 se celebró en Verona un proceso contra los dirigentes fascistas que en la reunión del Gran Consejo de julio de 1943 votaron a favor de la destitución de Mussolini. Solamente habían logrado arrestar a seis, entre ellos al conde Ciano, cuñado y ex ministro del Duce. No eran todos, pero menos era nada, así que les tocó en suerte pagar por ellos y por los demás. Fueron encontrados culpables de traición y fusilados la noche del 11 de enero de 1944. También Ciano. La ejemplaridad en el escarmiento que llevaron a cabo los ahora extremistas y radicales miembros de la nueva república fascista italiana —prácticamente ninguno de ellos había tenido un cargo de importancia en los años del *ventenio* fascista, y de hecho se habían destacado por sus protestas por el giro derechizante de la política italiana— alimentó aún más a la oposición política y a los guerrilleros, quienes ejercieron una presión constante sobre el cuerpo enfermo de la República Social. Cuando en julio de 1944 los aliados entraron en Roma, la Italia de Saló se hundió irremisiblemente presa de sus propias inseguridades. Aquella Italia fascista ya no se sentía ni representante ni ejemplo de la italianidad; más bien era todo lo contrario: una exótica extensión de un país extranjero. Las derrotas alemanas y la toma de conciencia de lo que realmente eran obligaron al gobierno a intentar una rendición a espaldas de Alemania. Sin embargo, los aliados anuncian que solamente aceptarán la rendición incondicional, sin negociaciones de ningún tipo. Tras la derrota alemana en Italia, a Mussolini y los principales representantes de la República Social no les quedó otra opción que intentar como fuera alcanzar la frontera suiza, país neutral, y rebasarla. Mussolini inició una frenética huída por caminos infestados de partisanos oculto en el fondo de un camión, vestido con uniforme alemán y mezclado entre los soldados alemanes en retirada. El convoy fue interceptado por uno de estos grupos guerrilleros y el dictador descubierto, reconocido y capturado. Tras un simulacro de juicio, Mussolini y su amante Clara Petacci, fueron ejecutados y colgados cabeza abajo en una céntrica plaza de Milán, expuestos al escarnio público de todos los que se acercaban a abuchear, aporrear e incluso orinar al cadáver de Mussolini, completamente desfigurado por los golpes recibidos, y a la horrible figura de su amante, dibujando con los ojos muy abiertos y la expresión vacía el espanto de una muerte horrible.

Canción de otoño: la conquista de Europa

La Operación Overlord, nombre en clave del desembarco en Normandía, comenzó la noche del 5 al 6 de junio de 1944, un día después de la conquista angloamericana de Roma. Overlord fue una operación largamente esperada, tanto por parte de los soviéticos, que se impacientaban por la apertura de un frente en el oeste, como por los propios alemanes, que sabían del proyecto de un desembarco masivo en las costas francesas del canal de la Mancha, pero desconocían el dónde y el cuándo. Para evitarlo en lo posible, los cientos de kilómetros que cubren la costa atlántica europea fueron cubiertos por una colosal colección de blocaos, nidos de ametralladora, búnkeres y grandes cañones que en conjunto formaron lo que se llamó el Muro del Atlántico, fuertemente vigilado por las tropas alemanas. Para que los alemanes no supieran desde donde se produciría el grueso del ataque, las tropas de guerra aliadas se concentraron en todo el litoral sur del Reino Unido, formando una espectacular masa caqui dirigida por el general norteamericano Dwight Eisehower, nombrado para el efecto comandante en jefe de las fuerzas aliadas en Europa occidental. El alto mando alemán cayó en la trampa de la intoxicación informativa de los agentes aliados, hasta llegar a creer a pies juntillas que el desembarco se produciría en las costas de Calais, la zona más estrecha del canal y la que más factible parecía para un desembarco de aquellas características. En contraste, Hitler tenía la intuición de que se produciría en Normandía, y acertó. La madrugada del Día D, dos millones de hombres procedentes de las islas británicas desembarcaron en cinco playas de Normandía. Sus nombres en clave eran Omaha, Utah, Gold, Juno y Sword. La resistencia ya estaba advertida de la inminencia del ataque, a través de dos versos de *Canción de Otoño* del poeta francés Paul Verlaine, que fueron radiados para anunciar el desembarco. Tras una serie de luchas encarnizadas, hasta el punto de que en alguna ocasión los aliados llegaron a creer que la invasión había fracasado, las tropas angloamericanas se hicieron fuertes en la costa normanda, permitiendo de esta manera el desembarco de nuevos soldados que engrosaron considerablemente la concentración militar en la zona. A partir de entonces los aliados iniciaron una carrera para ver quién era el primero en tomar Berlín, si ellos o los soviéticos. El 11 de septiembre, los angloamericanos rebasaron las fronteras de Alemania, mientras que el Ejército Rojo, desde el este, continuaba aplastando como una apisonadora todo lo que encontraba a su paso. Rumanía, Bulgaria, Polonia… y, finalmente, las primeras poblaciones de Alemania, caen bajo la pesada maquinaria bélica de Stalin.

Con el desembarco en Normandía se hizo realidad lo que siempre habían querido evitar los alemanes: quedar cercados en una especie de sándwich, por el este y el oeste. Al principio de la guerra casi lograron conjurar a aquel viejo fantasma, pero de nuevo la céntrica Alemania se veía envuelta, como en la Primera Guerra Mundial, en un cerco que se iba estrechando cada vez más peligrosamente, amenazando con engullirla sin remedio. La situación se hizo dramática. Un importante sector de las fuerzas armadas vio con claridad que si Hitler seguía dispuesto a *ganar la guerra*, un anhelo del que su miopía militar no le permitía liberarse, no habría más futuro para Alemania que la derrota total. Intentaron convencerlo de varias maneras, pero no fue posible: Hitler los desahuciaba como cobardes, derrotistas y traidores; pero al contrario que en el caso italiano, mantuvo hasta el último momento un nutrido grupo de seguidores que permanecieron fieles a su persona y a su proyecto político. Así las cosas, los militares más realistas decidieron que la única manera de evitar una catástrofe era preparar un atentado que eliminara al dictador. De esta manera, el 20 de julio de 1944 un maletín-bomba colocado en la sala de reuniones del alto mando nazi estalló en medio de una reunión presidida por Hitler. El resultado fue de cuatro muertos y un Hitler milagrosamente ileso, tan solo afectado por la rotura de un tímpano y leves rasguños. El atentado que pudo haber cambiado el curso de la guerra provocó inmediatamente una caza de brujas que se zanjó con medio millar de sospechosos ejecutados y una purga ejemplar dentro de las filas de ejército que debilitó aún más la posición alemana en el campo de batalla. Uno de los implicados en el atentado fue el laureado mariscal de campo Erwin Rommel, uno de los más geniales estrategas militares de la guerra, a quien después de ser hallado culpable se le dio a elegir entre una ejecución o un honroso suicidio, opción esta última que fue la que escogió. De esta manera, Hitler se libraba de ejecutar a uno de los militares más condecorados y populares de Alemania. Rommel fue enterrado con honores de héroe nacional.

El 22 de abril de 1945 el Ejército Rojo se presentó en los arrabales de Berlín, comenzando una desesperada batalla en las calles que no hizo sino alargar brevemente la agonía del Tercer Reich. Hitler se resistía a rendirse bajo los escombros de un Berlín devastado, con un ejército inexistente y una tropa de defensores compuesta por ancianos y niños. Días antes, la capital de Alemania había sido objeto de bombardeos masivos. Sobre la ciudad llovieron toneladas y tonela-

En la Conferencia de Yalta se pusieron las bases para el futuro de la Europa liberada del dominio fascista.

das de bombas en una orgía de destrucción que parecía querer emular a la que sufrió la ciudad de Dresde, sobre la cual nubes de aviones aliados arrojaron bombas durante tres días seguidos en febrero de 1945, con el resultado de 135.000 civiles muertos. El bombardeo de Dresde ha sido considerado uno de los acontecimientos más horribles de la guerra, muriendo más personas que en Hiroshima y Nagasaki, y ha mantenido sobre los aliados la sombra de la responsabilidad por crímenes de guerra que no han sido juzgados.

El Berlín asediado no podía aguantar más. Los soldados desertaban por doquier. Una ley de urgencia permitió la ejecución de cualquier desertor en el mismo momento de hacerlo. El pánico se instaló en toda la ciudad. Goering y Himmler, dos de los colaboradores más cercanos al Führer, abandonaron su fidelidad prometida, el primero huyendo y el segundo intentando un acuerdo con los aliados, por lo que fueron destituidos fulminantemente por el dictador desde su bunker, en el subterráneo de los jardines de la cancillería. En una de sus salas tenía Hitler un retrato de Federico II el Grande (1712-1786), rey de Prusia, uno de sus personajes históricos más admirados. Le emocionaba profundamente que le leyeran el fragmento de la biografía de aquel monarca en el que, durante la Guerra de los Seis Años, cuando todo parecía perdido y los rusos iban a tomar Berlín, providencialmente se materializó un milagro con el fallecimiento de la zarina de Rusia. Su sucesor, Pedro III, simpatizante de Federico de Prusia, paró a sus tropas, y Berlín se salvó. Convencido de su papel de guía del pueblo alemán, Hitler soñaba con un milagro parecido. Tanto era así que hasta el último momento creía, si no en la victoria, sí en una especie de hado salvador que lo liberase de la derrota total. Entonces ocurrió lo que esperaba, aquella señal, aquella copia modernizada de lo que le ocurrió a Federico de Prusia: la muerte del presidente de los Estados Unidos, Flanklin Delano Roosevelt, debido a una fulminante hemorragia cerebral (12 de abril de 1945, poco antes de la entrada de los rusos en Berlín). Roosevelt se había destacado por ser el más ardiente defensor de la alianza angloamericana con la Unión Soviética, mientras que Churchill siempre había visto con desconfianza a los soviéticos y a Stalin, que personalmente no le caía bien. El primer ministro británico sospechaba acertadamente que después de la Segunda Guerra Mundial se abriría un nuevo capítulo de la historia que enfrentaría a las potencias occidentales con la Unión Soviética. Por esta razón, Churchill no deseaba dar facilidades a Stalin para que se hiciera con una gran parte del pastel europeo en el reparto de posguerra. Hitler estaba al corriente de todo esto, de manera que a la muerte de Roosevelt comenzó a soñar con una ruptura entre los aliados y Stalin que salvara a Alemania de una derrota completa; pero la suerte ya estaba echada. Después de la penetración soviética en la capital y cuando vio que, definitivamente, todo estaba perdido, Hitler contrajo matrimonio con su amante Eva Braun. Al día siguiente se suicidó junto a ella en una de las habitaciones del bunker de la cancillería. En su testamento político dejó el cargo de presidente de la república y mando supremo militar al almirante Doenitz y la cancillería al ministro de propaganda, Joseph Goebbels, quien poco después se suicidó junto a su mujer y sus hijos menores de edad.

El 30 de abril de 1945, Alemania firmó la rendición incondicional. Un mes más tarde, el Partido Nacional Socialista de los Trabajadores de Alemania fue prohibido, iniciándose así el proceso que ha pasado a la historia con el nombre de desnazificación.

5

El fascismo latente

PROSCRIPCIÓN

La derrota alemana conllevó también la del fascismo a nivel moral. El descubrimiento de los campos de concentración, de los bárbaros métodos de colonización nazis y del trato que los impedidos recibieron por parte de la administración del Tercer Reich, contribuyeron a crear una imagen que desde entonces ha convertido al fascismo en sinónimo de maldad, de bajeza supina, de lo peor que puede haber en el mundo en cuanto a actitudes e idearios políticos. Tan bajo y espantoso, que incluso muchos lo tachan de vacío y se niegan a darle el valor de ideología legítima. Esta extrema degradación ha sido la principal responsable de la confusión terminológica tan común de catalogar como fascista a toda tendencia política represiva o dictatorial de derechas, siendo más fascista cuantos más asesinatos políticos, torturas y desapariciones atesore en su historial. Las cataduras morales de partidos o gobiernos se miden de esta manera, pero esto es ajeno a la ideología que lo sustenta. No es necesario que volvamos aquí al tocar el asunto de que el fascismo poco tiene que ver con la cantidad de sangre derramada por un régimen político, pero es necesario señalar con claridad que difícilmente será fascista un régimen militar, dadas las fuertes líneas conservadoras que presenta. El fascismo es un fenómeno político que tuvo su eclosión, su edad de oro, en el periodo de entreguerras y durante la Segunda Guerra Mundial en Europa, y que ha subsistido en la estrechez de la marginalidad política durante la segunda mitad del siglo XX y los primeros años del XXI. En la actualidad el fascismo real no gobierna en ninguna nación del mundo, y en la mayoría de ellas no es más que un eco, una sombra mal definida lastrada por un pasado criminal. La suerte del fascismo se decidió de la mano del nacionalsocialismo, y declinó con él, compartiendo sus previsibles consecuencias. Meses antes de la caída de Berlín, muchos alemanes comenzaron a esconder bajo el jardín las insignias del partido, a espaciar su participación en los actos nazis y, en definitiva, a prepararse para aparecer ante los vencedores como inocentes ciudadanos que no tuvieron nada que ver con el sistema político del Tercer Reich. Después del 30 de abril de 1945,

La construcción del Muro de Berlín encarnó la separación entre la Europa occidental, capitalista y bajo la férula norteamericana, y la oriental, comunista y bajo el férreo control de la URSS.

otros muchos hicieron lo mismo, arrepintiéndose sinceramente de su colaboración con los nazis. El nimbo dorado de patriotismo y dignidad del nacionalsocialismo se había roto y mostraba ahora el poco honorable rostro del fascismo, una cruel realidad que los aliados reforzaron conscientemente poniendo con frecuencia al pueblo alemán ante el espejo de su pasado más reciente para reeducarlo en otros valores más acordes con las ideas de las potencias ocupantes. En esto consistía la desnazificación, además de en buscar, perseguir y juzgar a los ciudadanos que habían desempeñado responsabilidades de gobierno y alta administración durante los años de la dictadura. La conferencia de Potsdam, que se desarrolló entre julio y agosto de 1945 cerca de aquella localidad, dibujó el nuevo mapa de Europa y de Alemania, que quedó dividida en cuatro zonas de ocupación, una por cada potencia vencedora (Reino Unido, Unión Soviética y Estados Unidos de América, a los que se les añadió tardíamente la Francia del general de Gaulle). También Berlín quedó dividida en estas mismas cuatro partes, aunque por geografía la capital entraba enteramente dentro del lado soviético de ocupación. Con el tiempo, las tres zonas occidentales se unificaron, dando lugar a la República Federal Alemana (RFA), un estado construido bajo el sistema de economía capitalista de mercado, mimado hasta el empalago por los norteamericanos, que debía desempeñar el papel de escaparate para los habitantes del bloque comunista y cuya opulencia sirvió de somnífero para las posibles aventuras ultranacionalistas de los alemanes occidentales. La zona de ocupación soviética también terminó por crear su propio estado, este bajo un modelo socialista a imagen de la URSS y plenamente integrado en las estructuras del bloque comunista. Nacía así la República Democrática Alemana (RDA).

El proceso de desnazificación se desarrolló de diferente manera según la zona de ocupación, aunque no fue posible realizar una limpieza ejemplar, porque la mayoría de los principales responsables de la era nazi ya habían huido de Alemania para entonces. El grueso de los fascistas sometidos a la desnazificación estuvo formado por pequeños colaboradores, miembros del partido o similares que en muchos casos se vieron obligados a militar en el NSDAP o a colaborar con él para mantener sus puestos de trabajo o medrar en ellos. En este sentido, las medidas más severas corrieron a cargo de los ocupantes de la parte oriental de Alemania, los soviéticos, que purgaron a un ingente número de personas de una manera metódica, expeditiva y radical. Como consecuencia, la futura RDA tuvo que soportar una severa represión que se tradujo en miles de desaparecidos, otros tantos ejecutados y muchos más prisioneros enviados a la URSS o a los propios campos de concentración levantados por los alemanes, para cumplir condena de trabajos forzados. Las potencias occidentales, en cambio, apostaron más por la reeducación que por el acoso; al fin y al cabo no tenían intención de perseguir a todo pichichi, puesto que, rascando un poquito, todos los alemanes estaban más o menos implicados con el nazismo. Decidieron que era más correcto imbuirlos en los valores de la democracia y el libre mercado, hacerles partícipes de sus beneficios, convirtiendo así a Alemania en una aliada voluntaria, fiel y satisfecha. De manera que solamente los más importantes nazis fueron perseguidos con saña. La desnazificación occidental se destacó por una gran marea burocrática de papeles y más papeles, con procesos lentos y vacíos, que sumieron a la ciudadanía en un aburrimiento colectivo de dimensiones siderales. Una de las iniciativas estrella de la ofensiva desnazificadora occidental fue un famoso cuestionario que podría tacharse como estéril si no fuera porque, al menos

El proceso de Nüremberg. Por primera vez se juzgaba a los principales responsables de una nación derrotada en la guerra, instituyéndose el delito de Crímenes contra la humanidad.

generó chistes, y eso, dadas las circunstancias, era muy de agradecer. Constaba de más de 130 preguntas y su objetivo era definir en una escala de cinco niveles, el grado de nazismo del individuo encuestado. Británicos y norteamericanos fueron más livianos en su celo inquisitivo que sus compañeros franceses, quizá guiados por cierto resquemor derivado de la reciente ocupación alemana. Los países europeos que sufrieron el dominio político, la ocupación o cualquier otro tipo de influjo directo del fascismo, también llevaron a cabo sus propios programas de desfascistación, que tuvieron su apogeo en los grandes procesos judiciales, como los desarrollados en Noruega contra Quisling o en Francia contra Pétain, ambos con resultado de condena de muerte, aunque el segundo se vio beneficiado por la conmutación de su castigo por el de cadena perpetua, en reconocimiento a su edad y a los servicios prestados a Francia durante la Primera Guerra Mundial. Pero el gran juicio que marcó la historia de la desnazificación y de la humanidad fue el Proceso de Nüremberg, la primera gran causa mediática, cubierta por periodistas llegados de todo el planeta. El proceso se desarrolló entre noviembre de 1945 y octubre de 1946, casi un año en el que se dejó bien claro que estos horrores no podían quedar impunes y en los que se tipologizó un nuevo delito: el de los crímenes contra la humanidad. Al principio, los veintiún acusados se quedaron muy sorprendidos al saberse reos de un juicio; aquello era una completa novedad, ya que hasta entonces después de una guerra no se estilaba enjuiciar al derrotado, sino que se le imponían las condiciones del vencedor y listo. En esta línea, la defensa de los acusados no cejó en su empeño de hacer ver la ilegalidad del proceso, parapetándose tras el argumento de que los vencedores no tenían legitimidad para juzgar a los que habían derrotado en la guerra, y de que además, los delitos imputados no estaban tipificados cuando se cometieron. Las apreciaciones de la defensa fueron desarboladas con el certero argumento de que las violaciones de los derechos humanos son completamente retroactivas, y por lo tanto juzgables. De esta manera se dio inicio a un juicio que condenó, en la persona de los acusados, a todo un colectivo que realizó crímenes deleznables, al nacionalsocialismo como ideología y práctica y, por extensión, al fascismo entero, a pesar de la baladrera ausencia de personalidades como las de Adolf Hitler y Heinrich Himler, ambos fallecidos. La mayoría de los acusados presentes en Nüremberg fueron condenados a muerte, sentencia ejecutada en todos los casos excepto en el del mariscal Goering, que se suicidó envenenándose con una cápsula de cianuro poco antes de la hora marcada. La desnazificación finalizó oficialmente en 1948, pero debido a la gravedad de los delitos imputados aún continúa en forma de persecución policial internacional, y aunque la mayor parte de los que estuvieron implicados en aquellos hechos ya han muerto, aún quedan antiguos responsables nazis viviendo una dulce ancianidad fuera de las fronteras de Alemania. Al hilo de esto, parece constatado que durante la guerra, cuando ya se comenzaba a ver las orejas al lobo, los miembros y jerifaltes del partido y de las SS diseñaron uno o varios medios de escapada, principalmente hacia el Cono Sur americano (Argentina, Chile, Uruguay...). Estas redes se encargaron de proveer todo tipo de facilidades para lograr la llegada de los nazis a sus puntos de destino, ofreciéndoles una nueva identidad, casa, recursos económicos, visas y pasaportes. La existencia de estas redes parece más que evidente, habida cuenta del hecho cierto del refugio de los nazis en algunos países que actuaron casi como santuarios, pero no dejó de ser una suposición oscura hasta que el escritor británico Frederick Forsyth sacó a la venta su conocida novela ODESSA, en la que, basándose en investigaciones realizadas junto al conocido cazanazis Simón Wiesenthal, adujo la existencia de una organización real, de contornos muy definidos en cuanto a objetivos, dimensiones y financiación, de la cual daba incluso su nombre, —ODESSA (Organisation der Ehemalingen SS-Angehörigen u Organización de Antiguos Miembros de las SS)—, que dirigió eficazmente la huída de los nazis a Latinoamérica y continúa actuando en la sombra con el siniestro ánimo de volver a organizar un movimiento nacionalsocialista lo suficientemente fuerte como para resucitar a un nuevo Reich ario. La novela de Forsyth dio alas a la imaginación popular, que aupó a la fantasmagórica organización nazi a la categoría de mito, al estilo de la Atlantida o el abominable Hombre de las Nieves. Pero al margen de la existencia o no de ODESSA, el hecho cierto es que hubo redes particulares que organizaron la huida y el reasentamiento de muchos nazis, que escaparon así de los procesos de desnazificación que se levantaban como hongos por todo el Viejo Continente.

Aunque desconocemos el cómo, puesto que la información o no nos ha llegado o ya dejó de existir, a estas redes nazis se adhirieron una serie de gobiernos que dieron acogida a los evadidos. Resultaría ingenuo pensar que los gobiernos anfitriones desconocían el asentamiento en sus países de conocidas caras del partido nazi con documentación falsa y nuevos nombres de marcada impronta hispana, aderezados por un fuerte acento alemán y en muchos casos, un completo desconocimiento del idioma español, algo inaudito en un señor que se llama Eugenio, por ejemplo. Uno de los regímenes que más frecuentemente ha sido apuntado con el dedo es la Argentina de Perón, un caudillo populista y contradictorio que combinaba magistralmente la palabrería obrerista con eventuales discursos favorables a un *trato justo* para con los criminales nazis. Juan Domingo Perón ha sido tradicionalmente considerado un populista con reconocidas simpatías hacia el fascismo, de hecho importó una serie de ideas desde Italia, cuando estuvo destinado en Europa en la época en la que era mayor del ejército argentino. Algunos lo han tachado de fascista, y la verdad es que, aunque sí que existen rasgos que recuerdan a Mussolini, estos no son más que la copia de los rasgos populistas del dictador italiano. En Argentina se refugiaron muchos antiguos miembros del partido nazi, así como diferentes figuras del fascismo internacional. Además de Argentina, la agradecida España también resultó ser un importante refugio de nazis y fascistas. Los convencidos de la existencia de ODESSA han insistido en la idea de que Otto Skorzeny, el SS que rescató a Mussolini del Gran Sasso, fue uno de los más importantes líderes de la organización y de que administró sus oscuras tramas desde su refugio español y sin interferencia alguna por parte de las autoridades. España como lugar de paso y ocasional refugio europeo, y el Cono Sur americano como principal receptor de emigrados, fueron verdaderos santuarios no solamente de nazis, sino de fascistas a nivel internacional, como el líder legionario Horia Sima y el jefe croata Ante Pavelic.

De la posguerra a los *años de plomo*

El hastío de las aventuras nacionalistas y los excelentes resultados económicos de la RFA tuvieron un efecto muy favorable entre la ciudadanía, que dio la espalda a las pequeñas y legalmente asfixiadas asociaciones extremistas que surgían a cada esquina. Ninguna de ellas logró un desarrollo suficiente para garantizar un mínimo arraigo social, de manera que fueron desapareciendo por inanición. Las leyes de la República Federal Alemana tipificaron como delito la pertenencia a estos grupos, que fueron expresamente prohibidos por la Constitución. Igualmente las insignias, cánticos y cualquier otra cosa que recordara al difunto régimen nacionalsocialista, fueron declaradas ilegales, con la aquiescencia de una población que deseaba fervientemente pasar la página más vergonzosa de su historia. Obviamente también en la parte oriental de Alemania los partidos y asociaciones filonazis fueron prohibidas. En este caso resulta prácticamente innecesario realizar este apunte, ya que es bien sabido que todos los partidos políticos fueron disueltos a excepción del Partido Comunista, reconstruido según las pautas del PCUS. En Italia, que había comenzado antes que Alemania la resaca del posfascismo, también se pusieron dificultades legales para el desarrollo de agrupaciones extremistas; pero por causas que no andan muy alejadas del cambio de bando italiano al final de la guerra y de una amplia amnistía en 1946, el proceso de desfastización resultó ser mucho más superficial de lo que estaba siendo el alemán. La primera consecuencia de esto se tradujo en la formación de un movimiento político que decía basarse en el ideario de la República de Saló, que logró hacerse un hueco en el electorado italiano y que desde su nacimiento en 1946 supo sortear con habilidad todas las trampas legales que podían haber evitado la transformación de este movimiento en un partido político viable. Con la irrupción del Movimiento Social Italiano (MSI) en el panorama político de la joven república, Italia se convirtió, una vez más, en el país europeo que más tempranamente logró asentar un movimiento de tendencia neofascista en Europa con bases lo suficientemente sólidas como para tener asegurada la representación parlamentaria. El solo hecho de que el MSI se autoproclamara como una agrupación electoral que bebía de los principios de la República Social Italiana habría sido suficiente para hacer actuar a los jueces e iniciar una investigación para descubrir las conexiones con el régimen anterior; con más legitimidad aún en cuanto que fue fundado en su mayoría por antiguos miembros de la estructura política o administrativa de la RSI. Sin embargo, la amnistía redujo las posibilidades de actuación de la justicia, y la posterior ley Scelba (1952), que prohibía las manifestaciones y los partidos políticos fascistas, tampoco fue llegada a aplicar con todo rigor.

El Movimiento Social Italiano comenzó su andadura política cargado de las clásicas proclamas anticapitalistas y anticomunistas que caracterizaron al Partido Republicano Fascista de Saló. La gran mayoría de sus primeros militantes consideraban que el nuevo partido no era sino una transformación necesaria que el Partido Republicano Fascista había tenido que hacer ante las circunstancias del momento. La intención de los fundadores y primeros miembros del Movimiento Social Italiano no fue, pues, crear algo nuevo, sino continuar con lo que había. El tiempo acabaría por llevarles la contraria, ya que el MSI ha terminado convirtiéndose en algo muy diferente. Al igual que ocurrió con el fascismo de entreguerras, los primeros planteamientos revolucionarios fueron quedándose atrás a medida que el partido empezaba a nutrirse de militantes ultranacionalistas, en su mayoría derechistas, de muy baja conciencia social. El sacrificio de la pureza doctrinal hizo que el MSI se convirtiera en un auténtico referente para el nacionalismo exaltado y la derecha radical, que vieron en el partido un paraguas legal bajo el cual poder refugiarse. Esta fue la clave que garantizó su permanencia parlamentaria y una fidelidad electoral que ningún otro partido de estas características en el mundo había logrado hasta entonces, ni lograría hasta los años ochenta, con el éxito de agrupaciones electorales como la del Frente Nacional de Jean-Marie Le Pen en Francia. El Movimiento Social Italiano supo sacar rendimiento a una amplia sensibilidad que cubría desde el fascismo y la extrema derecha hasta la derecha descontenta, englobando de esta manera a un gran abanico de votantes con base en el centro y en el sur de la península, precisamente las zonas en las que tradicionalmente el apoyo real al fascismo había sido menor. El voto conservador del sur decidió definitivamente el rumbo del partido, girándolo a toda marcha a posiciones derechistas que aseguraron un rédito electoral fuera de discusión. El conservadurismo fue ganando enteros dentro del propio partido hasta desbancar a los izquierdistas que, representados en la persona de Giorgio Almirante, aún se mantenían en lo más alto del organigrama. La base conservadora se enfrentó a una ejecutiva que no respondía a sus expectativas, provocando así un abierto enfrentamiento entre ambos sectores, que a partir de 1950 desembocó en la sustitución de la vieja ejecutiva por una totalmente renovada bajo la dirección de Arturo Michelini. El nuevo liderazgo conllevó una apertura mucho más decidida hacia los grupos monárquicos y conservadores que beneficiaron electoralmente al partido, al mismo tiempo que supuso una serie de pequeñas defecciones protagonizados por los sectores más izquierdistas, quienes decidieron iniciar una nueva vida al margen del MSI para fundar organizaciones radicales que no tardaron en abrazar el terrorismo.

Por aquellas fechas nació en Alemania el primer partido neofascista de cierta envergadura, el Partido Socialista del Reich (SRP). Sin embargo, las esperanzas que generó en su entorno pronto fueron truncadas por la ley, ya que dos años después quedó ilegalizado y eliminado del ruedo político alemán. A partir de esta y otras experiencias similares, los neofascistas alemanes, y con ellos los de toda Europa, aprendieron que si lo que querían era seguir los pasos del MSI debían moderar su lenguaje hasta adaptarlo a unos parámetros que fueran aceptables para las democracias en las que se habrían de mover y conseguir argumentos nuevos que calaran en la sociedad. De lo contrario, les esperaba el aislamiento político y al final, la ilegalización. En Francia, donde la desfastización transitó por senderos similares a los de Italia, nació en los años 50 un movimiento político que descubrió sin proponérselo la clave del futuro éxito de los neofascismos. El movimiento poujadista estaba más emparentado con la derecha autoritaria que con el fascismo propiamente dicho, sin embargo interesa señalarlo porque por primera vez utilizó el recurso del miedo al inmigrante como argumento central para captar el interés de la ciudadanía. De esta forma, aportó la clave del argumentario fascista de posguerra, la columna vertebral de ese etéreo neofascismo que ni es fascismo *stricto sensu* ni deja de tener cierto sabor a familia con el movimiento de entreguerras. A pesar de sus esfuerzos, el poujadismo no logró transformarse en una corriente política lo suficientemente fuerte para cubrir el espacio electoral de la derecha radical francesa, pero puso los cimientos del futuro éxito electoral del Frente Nacional en Francia y de los posteriores avances electorales de partidos similares en Europa entera.

Al tiempo que en Francia despiertan las claves argumentales y en Alemania va tomando forma un partido nuevo, los años sesenta inician su andadura igual que como se habían desarrollado los cincuenta: dentro del panorama neofascista europeo solamente el MSI italiano logró alcanzar y mantener sus resultados electorales y su presencia parlamentaria. A cambio, sus planteamientos políticos se moderaron aún más, y sus acciones y discursos revelaron un ánimo muy complaciente hacia la derecha clásica. El MSI parecía ansioso por obtener la respetabilidad que los partidos tradicionales ya tenían, lo que lo llevó a una progresiva aceptación del sistema de democracia parlamentaria del que había abominado en sus primeros años. El partido mantuvo intacto un feroz anticomunismo que supo transformar en apoyo electoral, pero no el antiamericanismo de la República Social. Su discurso antiamericano fue matizado y mil veces retocado, alejándose de los furibundos discursos antiyanquis que caracterizaron a la RSI y al propio partido en sus primeros compases. A estas alturas, las claves de éxito electoral del MSI estaban muy definidas, y no había posibilidad de cambio. Como se ha dicho más arriba, los descontentos abandonaron la formación, y nuevos militantes de derecha radical y extrema derecha se encargaron de suplir con creces los vacíos dejados por aquellos. El partido crecía y asentaba su fuerza, esto era lo verdaderamente importante para ellos y para sus congéneres europeos, que lo tomaron como ejemplo para aprender a no ser tan explícitos en su *fascismo*. En 1964 nació en Alemania el Partido Nacional Demócrata Alemán (NPD). Se formó a partir de numerosos grupúsculos filofascistas y logró asentarse en el hostil panorama político alemán, logrando ser el primer partido neofascista en seguir los pasos del MSI. El NPD alcanzó su objetivo sin renunciar al revisionismo territorial, rechazando las fronteras *impuestas* por los tratados de paz (la frontera polacoalemana en la línea Oder-Neisse y la prohibición expresa de un nuevo *anschluss*, principalmente) y reclamando el retorno de los expulsados germanos a sus tierras de origen en el este de Europa. Con un discurso cargado de reivindicaciones ultranacionalistas pero con la lección bien aprendida para evitar ilegalizaciones estériles, el NPD logró asomar la cabeza y mantenerla así hasta la década de los setenta, en la que su estrella electoral fue decayendo para ser sustituida por pequeños grupos radicales que practicaron el terrorismo en todo lo ancho y largo de la República Federal de Alemania. Las acciones de estos grupos fueron creciendo exponencialmente hasta un punto en el que parecía que iban a lograr un protagonismo serio en la arena germana. Por suerte, el llamado terrorismo de extrema derecha no llegó a consolidarse, pero consiguió desestabilizar el país en momentos puntuales de su historia. Sus principales objetivos fueron los inmigrantes, que llegaron a sufrir ataques a albergues con intención de matar; los judíos, eterno archienemigo de los nacionalsocialistas, contra quienes atentaron varias veces, una de ellas poniendo una bomba en un restaurante frecuentado por ellos; y las tropas norteamericanas acantonadas en las bases alemanas de la OTAN, llegando a activar una bomba en una discoteca frecuentada por soldados de aquella nacionalidad, en una de sus bases militares y en sus propios hogares. Igualmente, los hastiados del MSI italiano fundaron grupos extremadamente activos que flirtearon con el terrorismo y algunos de ellos terminaron ejerciéndolo casi profesionalmente. Estos elementos supusieron un quebranto importante para la estabilidad nacional de aquel país, sobre todo por la violencia que sus afortunadamente poco continuadas acciones, imprimieron a la situación. Han quedado para la historia muchos cruentos atentados, el más famoso de los cuales dejó ochenta y cinco muertos tirados en la estación de tren de Bolonia el dos de agosto de 1980. *Ordine Nuovo* o *Avanguardia Nazionale* —una escisión del primero— fueron algunos de los responsables de esta serie de masacres en Italia y en Europa, que han dejado para la historia el nombre de *años de plomo*. Tanto en el caso italiano como en el alemán, la crudeza del terrorismo de extrema derecha se vio reforzada por el hecho del fortísimo activismo de organizaciones terroristas de extrema izquierda, como es el caso de las Brigadas Rojas en Italia y la Fracción del Ejército Rojo (RAF) o grupo Baader Meinhoff en Alemania. En este sentido es interesante destacar la actual militancia de Horst Mahler, un antiguo miembro de Baader Meinhof, en las filas del neofascismo alemán. Para un iniciado en estas lides choca mucho que un hombre que ha tenido un compromiso tan fuerte con la extrema izquierda como para militar en un grupo terrorista y sufrir proscripción y cárcel por aquellos ideales, milite ahora en las filas de lo que parece ser justo el bando contrario. Nosotros en cambio, sabemos ya que el fascismo es voluble, que a veces se presenta derechista y otras izquierdista, y que una de las pautas que lo definen es su antihumanismo. El paso del nacionalismo de izquierdas o de la extrema izquierda al fascismo no es tan extraño como a primera vista pueda parecer. Ejemplos tenemos a montones, desde Mussolini hasta Mahler, pasando por Deat, Doriot, Mosley, los hermanos Strasser, el sindicalismo revolucionario, el ASP sajón de los años veinte, los nacionalbolcheviques... Esto no quiere decir que esta larga retahíla de fascistas *de izquierda*, o al menos con propuestas socializantes a veces extremadamente radicales, pueda ser integrada igualmente dentro del amplio espectro de lo que se conoce como *extrema derecha*. El fascismo, como ideario vitalista y voluntarista, niega una doctrina firme, de manera que se muestra rabiosamente huidiza a la hora de integrarse dentro de los márgenes de la izquierda y la derecha, prefiriendo definirse como una *tercera vía* que ni siquiera ellos saben definir muy bien en qué consiste. Su panteón de héroes lo comparten personalidades tan diferentes como Mussolini y el Che Guevara, y se muestran contrarios a la llegada de inmigrantes al mismo tiempo que apoyan la causa del pueblo palestino y la revolución bolivariana de Chávez en Venezuela. En cambio, la extrema derecha cumple con todos los requisitos de la derecha, pero aplica respuestas y actitudes radicales copiadas del fascismo. La gran mayoría de los supuestos fascistas de países con una fuerte impronta conservadora, como España, son en realidad simpatizantes de la extrema derecha. Franco era un extremista de derechas, pero nunca fue fascista. Igual ocurre con sus seguidores. Cabe aquí una sutil pero necesaria diferencia entre los grupos terroristas fascistas y los de extrema derecha: los primeros son netamente antiamericanos y anticomunistas, que no antisoviéticos, y tiran más a defender al bloque de los no alineados y las revoluciones populistas latinoamericanas. Los de extrema derecha, sin embargo, se han mostrado claramente seducidos por Norteamérica y su bloque, y son los grupos pertenecientes a la oscura Red Gladio que actuó y favoreció una red terrorista de extrema derecha amparada por los intereses anticomunistas de Estados Unidos y la CIA en el contexto de la guerra fría. La paranoia norteamericana de la expansión comunista por el mundo obligó a los diferentes gobiernos miembros de la OTAN, a acatar una serie de preceptos políticos de protección a las redes terroristas que actuaron bajo la trama de la Red Gladio. Muchos grupos terroristas de extrema derecha se vieron favorecidos por el dinero y la protección de Gladio, porque Estados Unidos los consideraba una garantía contra el avance del comunismo por Europa. La red Gladio en Europa no es el único caso de apoyo gubernamental a actos y actividades terroristas de extrema derecha en el mundo. En el cono sur americano una de los organizaciones terroristas más activas de la extrema derecha fue la Triple A (AAA), Alianza Anticomunista Argentina, un grupo que reivindicó una larga serie de atentados contra importantes exponentes de la izquierda argentina, y que ha alimentado, una vez más, la creencia en una fantasmagórica Internacional Fascista que es un contrasentido en sus propios términos, ya que resulta imposible reunir amigablemente a todos los ultranacionalismos del mundo, pues en muchos de sus puntos básicos —territorialidad, por ejemplo— chocarían irremisiblemente. La Internacional Fascista es un absurdo, pero no la Internacional de la Extrema Derecha. Aquí asoma de nuevo Gladio, no solo en Europa. También en la Argentina de la AAA. En el mundo. ¿Otra oscura conjura mundial del estilo de la de ODESSA, pero con el protagonismo de la CIA?

EL FASCISMO TOCA A LA PUERTA

La inexistente Internacional Fascista no es la única causa que se ha barajado para justificar una posible colaboración entre fascismos. Bajo el nacionalsocialismo, una de las expresiones más radicales del fascismo genérico, subyace un nacionalismo europeo que comenzó a dibujarse a la sombra de la teoría racial y se perfiló con bastante claridad durante los últimos compases de la Segunda Guerra Mundial. Al contrario que los fascismos de tipo italiano, que se mantienen fieles a un nacionalismo clásico de identidades culturales, en el nacionalsocialismo primó la comunidad racial más que la nacional. Si le hubieran dado tiempo, el nacionalsocialismo habría dejado de ser alemán para convertirse en solamente ario. El nacionalismo racial derivó rápidamente en nacionalismo europeo o europeísmo como continente-hogar de la raza blanca. La tradición europeísta nazi ha subsistido hasta el día de hoy en una serie de agrupaciones radicales que prefieren hablar de raza antes que de nación, disolviendo el patriotismo nacional en el gran crisol de Europa como patria de la raza blanca. Estos movimientos se proclaman anticapitalistas, y reniegan de la *Europa de los mercaderes* que dicen que se está construyendo alrededor del euro y la política económica común, al tiempo que se muestran partidarios de una unión política fuerte que diluya las diferencias estatales a favor de la conservación de las peculiaridades etnolingüísticas del continente. Este europeísmo nacionalsocialista contrasta mucho con el enconado antieuropeísmo de los fascismos de tipo italiano y con los conglomerados políticos tipo Frente Nacional, que profesan un nacionalismo clásico que se concreta en patriotismo nacional. Una de las organizaciones que más contribuyeron a desarrollar el europeísmo genetista en los círculos del neonazismo a nivel mundial fue el Círculo Español de Amigos de Europa (CEDADE). CEDADE nació en 1966, llegando a convertirse en una referencia a nivel mundial en lo que se refiere a la difusión y creación de materiales de propaganda y desarrollo ideológico nazis. Desde su centro en Barcelona, CEDADE distribuía doctrina por los cinco continentes, enfatizando en la necesidad de mantener la pureza racial por encima de artificiosidades nacionales. En este sentido, la herencia más sagrada de cualquier hombre o mujer blancos era su propia raza, su genética, de manera que se hacía indispensable velar por la salud del cuerpo llevando una dieta saludable, ejercicio, y por supuesto, una decidida renuncia al tabaco y al alcohol. El primer y único grupo plenamente nacionalsocialista de origen y desarrollo limitado a las fronteras de España tuvo su origen en ciertas personalidades que durante la Segunda Guerra Mundial colaboraron, apoyaron o pertenecieron al sistema de dominación nazi en Europa, destacándose especialmente el líder belga León Degrelle, fundador del movimiento rexista y miembro de las SS. La organización se disolvió en el año 1993 dejando realizada una ingente labor de distribución y formación en el ideario nazi.

A pesar de CEDADE, el nacionalsocialismo no logró un desarrollo excesivamente amplio a nivel mundial, teniendo que conformarse con la pura subsistencia tras los márgenes de la política. Como sabemos, las diferentes organizaciones de connotaciones más o menos neofascistas reniegan de semejantes identidades, lo que les da la fórmula para afrontar con más o menos éxito, las batallas electorales. De hecho, no es fácil que un miembro del Frente Nacional se identifique con los ideales racial-genéticos del nacionalsocialismo más puro, sino más bien con un patrioterismo de corte culturalista muy cercano al propugnado por la derecha radical. La convergencia entre el fascismo derechista y las diferentes sensibilidades conservadoras fue el tubo de ensayo que dio origen a los partidos de masas que hoy comienzan a triunfar por los campos de batalla electoral de Europa. Ese mismo proceso de respetabilidad que buscaba el MSI fue aupándolo electoralmente más y más, logrando convertirse en la tercera fuerza política de Italia y aceptando expresamente la democracia como única regla del juego válida. A finales del siglo XVI, Enrique IV dijo que *París bien vale una misa,* en referencia a la conversión forzada al catolicismo que tuvo que admitir para ser coronado rey de Francia; el MSI se vio en la misma tesitura en noviembre de 1970, abrazando nominalmente la democracia y abandonando así los pocos restos de fascismo que aún conservaba. Ansiaba convertirse en un partido equiparable en todo a los viejos partidos tradicionales, de manera que tras su conversión a la democracia rechazó el terrorismo y adoptó una línea política tendente a la asociación con los democratacristianos. La estrategia se vio coronada por el éxito, hasta el punto de que poco después alcanzó por primera vez las responsabilidades de gobierno como parte de la coalición vencedora, el Foro de la Libertad, un contubernio de derechistas encabezada por Forza Italia, el partido de Berlusconi. En 1992 liquidó definitivamente todas las ataduras con su pasado, presentándose públicamente como Alianza Nacional (AN), una amalgama de fascistas, derechistas, monárquicos y rabiosos conservadores que sufrió una pequeña defección de descontentos que mantuvieron las siglas MSI, sin gran éxito electoral. Y es que se daba la circunstancia de que si el fascismo quería subsistir no podía exhibirse públicamente, sino mantenerse agazapado, en estado latente. De otro modo garantizaba una debacle electoral. De esta manera actuaron las nuevas agrupaciones electorales que a partir de los años ochenta se presentaron con fuerza renovada en sus respectivos países. Sin ninguna duda quien dio la campanada fue el Frente Nacional de Jean Marie Le Pen, un minúsculo partido fundado en 1972, que a partir de la década de los ochenta comenzó un proceso de expansión y crecimiento inaudito hasta convertirse en una de las grandes opciones electorales de los franceses, llegando a desbancar al Partido Socialista en la segunda vuelta de las elecciones presidenciales de 2002. Pertrechado por la receta del discurso facilón, mitad miedo al inmigrante y mitad antieuropeísmo, Le Pen ha logrado llegar mucho más lejos de lo que preveía el politólogo más optimista. El Frente Nacional se nutre, principalmente, del voto obrero, que cree ver peligrar su puesto de trabajo o su estabilidad por la llegada de los inmigrantes. En este sentido, al igual que ocurrió en la etapa de entreguerras, la extrema izquierda, el fascismo y la extrema derecha recogen votos del mismo campo: los pobres, los obreros y la clase media inestable; existiendo un interesante trasvase de votos de la extrema derecha a la extrema izquierda y viceversa que sería muy interesante analizar. En cambio, las clases acomodadas prefieren la seguridad de la derecha conservadora, sin radicalismos de ningún tipo. De nuevo nos encontramos ante la diferencia entre el conservadurismo del que tiene y quiere mantenerlo a toda costa y el radicalismo de quien no tiene o se ve abocado a tener que lucharlo. El combate electoral para conquistar una base sólida entre los votantes se libra principalmente entre los comunistas y el Frente Nacional, y no es difícil que en cualquier momento se pueda producir un gran trasvase de votos de un lado al otro que podría decidir el futuro de unas elecciones.

El Frente Nacional francés es un ejemplo, el más conocido, de imparable avance electoral de posturas de derecha radical que mantienen dentro de su seno tendencias fascistas que podrían exteriorizarse en cualquier momento. Aunque comúnmente se les tacha de neofascistas, estrictamente hablando son una indefinida amalgama de ultranacionalismo rabioso que difícilmente podría ser tachada de fascista habida cuenta de la gran cantidad de sensibilidades políticas que existen en su seno, una de las cuales es, indefectiblemente, fascista, aunque no necesariamente la más numerosa. La ocultación del fascismo, e incluso la marginación de este dentro de las corrientes que alimentan al partido es la única forma que le queda al fascismo de evitar la marginalidad. Obviamente, los más puristas del fascismo han optado por abandonar estas grandes agrupaciones electorales, lo que les ha llevado, irremisiblemente, a encerrarse de nuevo en las catacumbas de la política, lo cual no es óbice para que todas las agrupaciones del estilo del Frente Nacional mantengan importantes corrientes fascistas en su seno. Este es el sistema por el que vuelven a sonar los ecos del fascismo en muchos países de la civilizada Europa, como Bélgica, donde el xenófobo Vlaams Belang (Interés Flamenco) ha logrado convertirse en el más votado de Flandes. Interés Flamenco es un partido que se presenta con una fachada amable y así es visto por sus conciudadanos, conectando estupendamente con la gran mayoría del sentir de Flandes a través de la reivindicación de su autodeterminación y reconocimiento como nación. No en vano se trata del movimiento independentista de extrema derecha más poderoso y con mayor apoyo social de Europa. En este sentido conecta muy bien con el sentir de varios grupos minoritarios nacionalsocialistas, que se muestran partidarios de la llamada Europa de las naciones contra la de los estados.

El campanazo francés abrió la puerta a movimientos similares en Europa entera. Jörg Haider, antiguo líder del Partido Liberal Austriaco (FPÖ) estuvo a punto de convertirse en el primer canciller fascista de Austria después de Hitler. Hijo de orgullosos miembros de las SS y pertrechado de un discurso copiado al de Le Pen, lleno de exabruptos contra los inmigrantes y la Unión Europea, Haider logró conducir a su partido a la dirección del *land* de Carintia y casi al propio gobierno austriaco, logrando la escalofriante cifra de 27% de los votos en el año 1999. Para que luego digan que las cifras son frías. El caso Haider causó estupor en todo el mundo. ¿Un canciller neofascista en Viena? No, no podía ser. Aquello sería un escándalo. La Unión Europea no podía permitirlo, de manera que tomó cartas en el asunto e impidió su designación decretando severas sanciones contra Austria. Haider y Austria tuvieron que aceptarlo, y tiempo más tarde el propio Haider se vio obligado a abandonar la presidencia del partido para fundar en 2005 uno nuevo, más modesto, que sin embargo anda rozando la representación en el parlamento nacional: Alianza para el Futuro de Austria (BZÖ). De esta manera, la Unión Europea pareció exorcizar el fantasma del fascismo dentro de sus propias fronteras, aunque muy pronto se daría cuenta que sin demasiado éxito. El enemigo estaba en casa y había que aceptarlo. En Alemania, nación indudablemente sensible en estos asuntos, se encendieron todas las alarmas cuando los Republicanos, un partido filonazi fundado en 1983 por un antiguo miembro de las SS, logró seis escaños en el parlamento alemán. Los Republicanos representan a un sector de la población que recuerda con añoranza tiempos pasados, considera a los antiguos dirigentes nazis como héroes nacionales y ve con agrado que su partido se dé la mano con el NPD en un parlamento regional, en su negativa a hacer un minuto de silencio por los muertos en el holocausto nazi. Los movimientos neonazis alemanes muestran una respetabilidad aparente que ellos mismos se encargan de destrozar con semejantes desplantes, rozando así la ilegalidad. ¿Pero quien los ilegaliza ahora que cuentan con un número considerable de votantes y un peso específico en la política nacional? Estos movimientos gustan de realizar de vez en cuando demostraciones de fuerza organizando manifestaciones muy numerosas, como la que realizaron el día de la conmemoración del 60 aniversario del bombardeo de Dresde, desluciendo la ceremonia con banderas negras y un lema tan reivindicativo y rencoroso como *El terror de las bombas aliadas. Entonces como ahora. Hiroshima, Nagasaki, Dresde y hoy Bagdad. Sin perdón, sin olvido*. Estos ni perdonan ni olvidan. Mal vamos de esta manera. Del mismo modo, se solidarizan con el tercer mundo, con Irak y Saddam Hussein, con los tibetanos y con los movimientos antiyanquis de América Latina. La afinidad de los neonazis con estos movimientos se explica por su cercanía a las corrientes de la tercera fuerza, aquellos que predicaban eso de que ni con los yanquis ni con los comunistas, prefiriendo verse en el espejo de los no alineados. El complicado panteón de héroes de estos grupos extremistas se reproduce en todos los puntos de Europa y fuera de ella, específicamente en los Estados Unidos y el cono sur latinoamericano. En el primer caso, los nacis —con c— chilenos llevan un buen tiempo dando la murga con sus reivindicaciones ultranacionalistas mezcladas con antiimperialismo yanqui y un rechazo frontal a Pinochet y su dictadura. Los textos del Movimiento Nacional Revolucionario chileno son muy elocuentes al respecto, lo cual no significa que se posicionen con Allende, sino que se consideran una tercera vía, estrictamente nacionalista, ni marxista ni capitalista, lo que vienen repitiendo por activa y por pasiva todos los grupos fascistas que, al contrario que Pinochet, no son de extrema derecha. En este sentido, se hace obligado señalar la confusión entre fascismo y extrema derecha. En la actualidad, el primero es muy minoritario, casi marginal; el segundo es lo que generalmente, y equivocadamente, se suele considerar fascismo. En el caso norteamericano, el Klu-Klux-Klan ha sido una buena cantera tradicional para el desarrollo de corrientes supremacistas blancas, impregnadas de un fuerte racismo, pero también de cierto sabor conservador y de tufillo religioso protestante que ha hecho girar el grueso del extremismo político en algo más conservador que revolucionario, con una clara preferencia por lo que desde los años veinte se considera el americano auténtico: el WASP (White, Anglo-Saxon, Protestant). Pero la zona del mundo con mayor cantidad de grupos fascistas por kilómetro cuadrado sigue siendo, como es tradición, Europa oriental, una región que después de la experiencia de medio siglo bajo el socialismo ha recuperado la religión, sus viejos odios ancestrales de raza y, por supuesto, aquel fascismo de fantasía que tan peligroso hubiera sido si aquellas naciones fueran verdaderamente poderosas o influyentes a nivel mundial. El este de Europa es el único lugar del viejo continente en el que los ultranacionalistas aún se atreven a hablar de expansión territorial, de grandeza nacional y de imperialismo. En este sentido, su comportamiento recuerda más a sociedades menos evolucionadas, ancladas aún en la primera mitad del siglo XX. Es verdaderamente sorprendente que unos argumentos que parecía que ya habían sido dejados de lado, afloren de nuevo con tanta facilidad en el mismo momento en que la densa capa del comunismo que los cubría se desmoronó junto al muro de Berlín. La alegría por el fin de la guerra fría se vio deslucida por el sorprendente rebrote de los fascismos y las rencillas étnicas del este que, como si de una pesadilla decimonónica se tratara, desembocaron en guerras y matanzas localizadas. Junto a todo ello, el fin de la era del comunismo liberó también un antisemitismo que, como el resto de los fantasmas del este, se creía muerto y enterrado; un antisemitismo de profundas raíces populares que los fascismos occidentales ya habían dejado de airear por irrelevante y no rentable, pero que mantenía aún capacidad de convocatoria en la Europa oriental. El sentimiento antijudío y las bravuconadas fascistas de expansión territorial no habrían pasado de ser una destemplada anécdota si todas las naciones del este compartieran la pequeña envergadura política y la mínima capacidad de influencia externa que tienen todas ellas, excepto Rusia. El gigante euroasiático es el único país eslavo capaz de desestabilizar el mundo si algún día logran encaramarse al poder los diversos grupos fascistas que existen en su seno. Por eso la escalada electoral del Partido Liberal Democrático de Zhirinovsky, que logró el 23% del total de los votos emitidos en las elecciones de 1993, se convirtió en una noticia de primera magnitud a nivel mundial. Evidentemente, no es lo mismo que a la pequeña Austria le gobierne un canciller neofascista que tener a un gigante como Rusia en la misma tesitura, ni por el peso geopolítico de cada una de ambas naciones ni por el tipo de fascismo que representan. Para alivio de la Unión Europea y la comunidad internacional en general, el Partido Liberal Democrático se desinfló muy pronto, debido a múltiples desavenencias internas, hasta quedar reducido a una agrupación política sin capacidad real de competir por el poder. El sarampión fascista que vivieron los rusos en 1993 debería de tenerse muy en cuenta, ya que está indicando bien a las claras una profunda insatisfacción en el interior de una nación de cuya estabilidad interna depende gran parte de la estabilidad mundial. Rusia ha generado un fascismo verdaderamente agresivo, expansionista, racista, ultranacionalista, y furibundamente antisemita que lo hace potencialmente más peligroso que el neofascismo occidental o los movimientos aparentemente *civilizados*, como el Frente Nacional francés. En general, el fascismo ruso se alimenta de los tópicos clásicos de la tradición rusa, admira a Stalin, a Iván el Terrible y a Pedro el Grande, y añoran la era soviética. Los nacionalbolcheviques, una tendencia política nacida en Alemania que ha hecho grandes progresos en Rusia, son un buen ejemplo de este fascismo *soviético*. El nacionalbolchevismo no cuenta con una representación política de peso, de manera que gran parte de ellos se han organizado en tribus urbanas de estilo skin head, siguiendo así la inconfundible estética de un movimiento que popularmente suele relacionarse con el neofascismo. Aunque muchos partidos de extrema derecha evitan ser relacionados con estos grupos callejeros, el imaginario popular no atiende a matices e indefectiblemente efectúa una correspondencia automática entre unos y otros. Guste o no a determinadas agrupaciones políticas, los skin heads o cabezas rapadas son la primera imagen que a uno le viene a la cabeza cuando le hablan de neonazismo o neofascismo. En realidad, el movimiento skin supera ampliamente el espectro político que nos ocupa, cubriendo también el campo de la extrema izquierda con tribus como la de los Skin Head Aganist Racial Prejudices (SHARP), que comparten la misma estética pero con planteamientos políticos muy divergentes a los de los neofascistas. El movimiento skin head nació en el Reino Unido durante los años 60 y 70 como una respuesta violenta de una juventud urbana, proletaria y despechada con el sistema, en clara contraposición con los hippies, sus largas melenas y su doctrina de paz y amor. Al contrario que estos, los skins no creían en el pacifismo, sino en la necesidad de una respuesta violenta contra el sistema. En un primer momento no tenían una ideología común, pero compartían una forma de ver el mundo mucho más oscura y ruda que la de los hippies. En este sentido, su respuesta ante la sociedad es comparable a la de los punkies. Los skins se dieron a conocer en los encontronazos callejeros contra la inmigración pakistaní; aún no había elementos racistas, pero de alguna manera aquella insatisfacción les llevó a buscar refugio en asociaciones políticas extremistas. Tal y como ocurre con el voto proletario, al tiempo que algunos skins terminaron por militar en las filas de la extrema izquierda, otros ingresaron en el Frente Nacional británico, un partido xenófobo que no supo o no quiso recorrer el camino que siguieron partidos como el MSI o su homónimo francés, razón por la cual se ha quedado reducido a la marginalidad. A pesar de ello, los skin heads neonazis se extendieron como la pólvora por Inglaterra y pronto dieron el salto al continente. En seguida Europa se cubrió de un nuevo estilo de tribu urbana que exhibía orgullosamente su identificación con el nacionalsocialismo, la vertiente más fanática del fascismo. Sus principales actividades se centraron en acciones violentas contra extranjeros o marginales, por lo general después de una noche de embriaguez colectiva y escucha compulsiva de Oi!, una variante musical algo desagradable para los oídos que también consume el movimiento punk, mucho más nihilista. Las agrupaciones de skin heads han sido mediatizadas para captar a los jóvenes más influenciables hacia movimientos de este corte ideológico. Los campos de fútbol de casi toda Europa se han revelado como uno de los centros de reclutamiento más eficaces y auténticos viveros de skin heads. Por estos insólitos centros de reunión política campean a sus anchas grupos neofascistas y de extrema derecha sin que las directivas de los clubes hagan nada para evitarlo. La celebración de partidos de fútbol suele ser una buena excusa para reunirse y lanzarse contra miembros de hinchadas rivales, en una orgía de borrachera y violencia que en algunos casos ha desembocado en la comisión de asesinatos. La violencia gratuita y la práctica de la intimidación simplemente por el placer de saberse temido, ha animado a estos grupos a continuar en la misma línea, pero... ¿hasta qué punto podemos considerar que la mayoría de estos jóvenes no se esconden en la *ideología* para justificar un irracional ansia de sentirse fuerte y respetado? ¿Hasta dónde llega la *ideología* y hasta dónde la falta de autoestima? El hecho real es que detrás de todos estos grupos y detrás, también, de los más respetables partidos de tipo Frente Nacional, existe un complejo batiburrillllo de sensibilidades políticas entre las cuales el fascismo estricto parece más bien minoritario, superado por planteamientos que responden mejor a la extrema derecha y a la derecha radical. Pero eso no quiere decir que no exista, ahí está, tomando forma, aún sin terminar de definirse. De momento ha asomado su cabeza tanto en las calles como en los parlamentos, y dentro de poco tendrá su propio grupo en el Parlamento Europeo. Según termino de escribir estas líneas me entero de que finalmente los grupos de esta tendencia representados en Europa van a lograr hacer realidad esta aspiración con el nombre *Identidad, soberanía y transparencia*. La entrada de Rumanía y Bulgaria en la UE han posibilitado, con la aportación de sus neofascismos, que el conglomerado de extrema derecha y neofascismo de la Unión Europea haya sido capaz de dar el pequeño salto que necesitaban para reeditar un grupo parlamentario que se creía olvidado en Estrasburgo. Esto supone más dinero público para estos partidos, más publicidad y mayor peso a la hora de hacer valer sus posiciones. No es, pues, un hecho simbólico. El neofascismo, con incipientes formas y entremezclado con la derecha radical, ha perdido la vergüenza de las primeras décadas de posguerra, ha ascendido lentamente los peldaños de las catacumbas políticas y está tocando a la puerta. A nuestra puerta.

6

El fascismo diseccionado

HERRAMIENTAS DE CIRUJANO

Fascismo y extrema derecha. Ambos términos se utilizan cotidianamente como sinónimos de algo que, generalmente, es más lo segundo que lo primero. Esta imprecisa línea divisoria ha provocado que la generalidad de la ciudadanía y gran parte de los propios integrantes de este tipo de movimientos tiendan a identificar al fascismo con una derecha radical furibundamente nacionalista y violenta. Sin embargo, y como más abajo tendremos ocasión de comprobar, difícilmente podríamos integrar al fascismo genérico dentro de las ideologías de la derecha. No cabe duda de que, aunque la respuesta a los estímulos externos sea idéntica, entre fascismo y extrema derecha hay una importante divergencia ideológica. De hecho, hay autores que creen que el fascismo dejó de existir en 1945 y que el neofascismo es otra cosa bien distinta. No comparto esta opinión; tal y como he argüido anteriormente, el fascismo sigue existiendo como una corriente de opinión dentro de los movimientos ultranacionalistas catalogados como de extrema derecha, lo cual no es signo de que el fascismo sea de derechas. No necesariamente, aunque podría llegar a serlo. En el presente capítulo vamos a encargarnos de despejar esta aparente paradoja; vamos a buscar la esencia del fascismo, y la vamos a separar cuidadosamente del resto de elementos accesorios que lo completan. Para ello habremos de utilizar las herramientas de precisión del cirujano cuando disecciona un cuerpo.

A lo largo de estas páginas he lanzado pequeños *flashes* en un intento de hacer comprender la realidad doctrinal del fascismo a medida que avanzaba la lectura de su historia. Ahora que conocemos su peripecia histórica, es el momento de profundizar con mayor detenimiento en el protagonista y objeto de esta obra. Y lo cierto es que no es tarea fácil. Sobre fascismo se ha escrito mucho, variado y contradictorio. Desde el momento en que irrumpe de manera estrepitosa como nuevo movimiento político bautizado, por su primera indefinición ideológica, con un nombre a priori tan poco significativo como es el de fascismo, este movimiento político ha sido objeto de numerosos estudios, muchos de ellos profundamente ideologizados. Paradójicamente, el primer pregonero del fascismo a gran escala fue la extrema izquierda, que agotó ríos de tinta y saliva en argumentaciones que hacían especial hincapié en la lucha contra lo que ellos veían como una nueva forma de ataque burgués contra el movimiento obrero, la última y desesperada ofensiva del capital, organizada a nivel planetario. La tesis marxista que pinta al fascismo como el perro guardián del capitalismo tiene aún una gran aceptación entre la gente, pero desde el punto de vista del estudioso no puede ser admitida. Precisamente por eso debemos de escoger con cuidado el punto de partida: muchos investigadores cometen el error de comenzar sus estudios con ideas prefijadas —considerar como fascismo a todo movimiento antidemocrático derechista, por ejemplo—, con lo que desarrollan sus investigaciones dando por hecho algo no demostrado. Otros suponen que el auténtico fascismo es el italiano, porque cronológicamente es el primero y para quien se creó la denominación, y definen al fascismo genérico y a los diferentes movimientos fascistas en relación al del Duce. No es legítimo partir una investigación de esta índole desde el mussolinismo porque creo que no es correcto comenzar a estudiar el fascismo partiendo del análisis de la ideología o la práctica de un movimiento o sistema, sea el que sea, pues de esta forma lo estamos tachando de fascista *a priori*. En principio, parecería correcto escoger como fascismo puro al italiano de Mussolini, pero considero que el término, de por sí, ha cobrado ya una personalidad y autonomía suficientes como para desatarse del lastre del fascismo italiano. El término ha pasado a definir a toda una suerte de movimientos, sistemas, e idearios políticos con unas características propias. Ya no define exclusivamente al movimiento italiano, ahora es algo más. Y ese algo más, que quizá incluso podría diferir en según qué casos del fascismo italiano, es lo que estamos buscando definir. El fascismo es una ideología y una práctica política nueva que surge en Europa en una época concreta, y por lo tanto, se hace necesario aislar como tal a las nuevas ideas y actitudes rupturistas radicales que surgen, o al menos toman relevancia política, en la Europa de entreguerras. La clave de esta enunciación del punto de partida para aislar la definición de *fascismo* está en la palabra *nuevas*. Debemos buscar la novedad, algo distinto de lo que se conocía hasta entonces en el escenario de la gran política. Esos nuevos planteamientos han de resultar ser, forzosamente, la esencia del fascismo.

El fascismo, en primer lugar, podría ser definido como *desconcertante*. La mayoría de los estudiosos que se han acercado al fenómeno fascista han buscado en ella una ideología completa, cerrada, con planteamientos doctrinales acabados, como el marxismo, el anarquismo o el liberalismo político, y ahí han errado. No hay nada más equivocado que comenzar una investigación a partir de esta premisa cuando el objeto de estudio es el fascismo, porque en este caso, nos enfrentamos a un movimiento fundamentalmente voluntarista que concede mayor importancia al acto que al pensamiento. En este sentido se pronunció un conocedor de primera mano del fascismo, Angelo Tasca cuando dijo que "los fascistas no son ni republicanos ni monárquicos, ni católicos ni anticatólicos, ni socialistas ni antisocialistas; son *problemistas* y realizadores. Por tanto, según el caso, harán *colaboración de clases, lucha de clases, expropiación de clases*. Y puesto que la idea de partido implica la de una doctrina y un programa, ellos serán el antipartido"[5]. Resulta complicado llegar a definir al fascismo precisamente porque es un movimiento *fácil*. Es la suma de pocas y sencillas ideas engarzadas de manera fuerte, aunque muchas veces incoherente, a través del enorme poder que emana de la mítica de la nación. La gran aportación del fascismo es que descubre y utiliza por primera vez a gran escala al nacionalismo como centro vertebrador de una ideología, un régimen y una sociedad y lo une por vez primera en la historia con la idea de la revolución. Una ideología —si es que puede definirse como tal a un movimiento sin sistema— simplísima que no necesita más para mostrarse poderosa y plena de fuerza. Supone el punto álgido en el uso de las nuevas teorías psicológicas de control de masas que venían desarrollándose en Europa desde finales del siglo XIX. Así, la suma de dos términos hasta entonces considerados antagónicos

5 Tasca, Angelo. *El nacimiento del fascismo*. Barcelona: Crítica, 2000, p. 44.

—el nacionalismo y la revolución—, dio paso a una resultante distinta, que bebe de ambas fuentes. Todo esto tiene, por supuesto, un origen, un desarrollo y un resultado, y el fascismo se sitúa al final de la fórmula.

LA ESENCIA

Aislado el objeto de estudio, que ha sido definido como la novedad política que surge en la Europa de entreguerras, constatamos que la gran novedad, cronológicamente hablando, es el triunfo del fascismo italiano, seguido por otros movimientos similares que se propagarán rápidamente, con mayor o menor éxito, por toda Europa. El movimiento que lideró Benito Mussolini sirvió de modelo a muchos otros, más que por la ideología por su fuerza. Era el origen de un estilo nuevo que sabía tratar a las masas, diferente, juvenil, rupturista y radical que incluso llegó a ejercer influencia estética en muchos sectores políticos europeos no fascistas. El fascismo italiano supuso un modelo de otros movimientos parecidos que ya existían en aquella Europa de entreguerras, caracterizados por la importancia extrema que daban en su ideario al nacionalismo (la nación como ideal supremo) y sus ansias de romper el mundo tal y como lo conocían (destrucción del liberalismo, del parlamentarismo, del marxismo). La quintaesencia de estos nuevos movimientos estriba, fundamentalmente, en que realizan exitosamente la síntesis entre nacionalismo y revolución y que encarnan a un movimiento radicalmente antisistema, en el sentido de que rechazan de manera completa a la realidad que les rodea, incluidos los enemigos del modelo dominante (marxismo). Ansias de ruptura total y renovación, también total, con una doctrina-base única y omnipresente: el nacionalismo. La nación es la ley, es el órgano supremo al que todo el mundo ha de estar subordinado. La nación podría ser al fascismo lo que el Corán al integrismo musulmán.

Desde la Guardia de Hierro de Codreanu al movimiento rexista de Leon Degrelle, son muchas las diferencias que existen entre estos movimientos llamados fascistas, pero evidentemente, todos ellos cuentan con una serie de ideas nucleares sin las cuales perderían todo su sentido. La combinación de estas ideas en un mismo discurso ideológico dan como resultante el fascismo. El resto de características que se les puedan añadir no dejan de ser meros accidentes que ni quitan ni ponen fascismo a la suma de los dos productos esenciales, que son los que paso a señalar a continuación:

Ultranacionalismo: la nación como ideal superior.

Movimiento antisistema no marxista, entendidos como parte del sistema tanto sus elementos activos como sus bases ideológico-morales —el humanismo—, de las que se alimentan todos los movimientos políticos existentes hasta entonces, incluido el marxismo.

Esto es el fascismo, ni más ni menos: el fascismo limpio, sin añadidos que lo maquillen o escondan bajo distinta apariencia.

Ultranacionalismo

Todos los movimientos denominados fascistas que surgen y se desarrollan en la etapa de entreguerras son perfectamente reconocibles en un primer momento porque destilan un tipo de nacionalismo extremadamente rabioso que entiende a la nación como ente supremo con personalidad propia capaz de anular la individualidad de quienes la conforman. El nacionalismo en estos movimientos, que a partir de ahora llamaremos fascistas, es siempre radical, extremo, llevado hasta sus últimas consecuencias. Busca siempre dos objetivos: la grandeza de la patria y la reivindicación del orgullo de pertenencia a ella. El nacionalismo se convierte así en una suerte de altar ideológico-social al que todo se subordina, que cumple la función de vertebrar y unir a la sociedad. Frente a la idea de lucha de clases, que divide la comunidad nacional en un mínimo de dos grupos enfrentados, la nación, en perspectiva fascista, reivindica la pertenencia de todos los miembros de una sociedad a la misma nacionalidad, de forma que se convierte en elemento de unión social y mito revolucionario capaz de movilizar a las masas. Maurice Barrès lo vio así, y también muchos otros políticos y pensadores prefascistas, como Sorel, Maurras, etc. Al fascismo no le importa que la nación sea o no real. La utiliza como motor, hace uso de ella y sus mitos para atraer al pueblo. La nación —el nacionalismo— como hecho o idea irracional, es capaz de llegar hasta lo más profundo del corazón, por eso el mito nacional tiene más fuerza que el de la lucha de clases, será la definitiva conclusión fascista. El fascismo, por tanto, es también por su esencia nacionalista, un movimiento de origen y características románticas e irracionalistas que se vale de los mitos nacionalistas para controlar, dirigir y vertebrar la sociedad. Como dicen Macridis y Hulliung, "los mitos son valiosos precisamente porque no están sujetos a criterios racionales y, por tanto, no pueden ser falseados"[6].

El fascismo resulta ser, por lo tanto, nacionalismo en un tanto por ciento muy elevado; un nacionalismo evolucionado, agresivo, bajo cuya cosmovisión lo único que realmente importa, y a lo que el resto ha de estar subordinado, es la nación. Los derechos del individuo pierden su sentido en beneficio de la gran causa nacional, a la que todos los integrantes de una sociedad, cual engranajes de una máquina o células de un gigantesco cuerpo humano, deben dedicar su trabajo y esfuerzos hasta los límites más extremos, incluido el sacrificio de entregar la propia vida por ella.

---

6 Macridis, Roy y Hulliung, Markl. *Las ideologías políticas contemporáneas. Regímenes y movimientos*. Madrid: Alianza, 1996, p 196.

Movimiento antisistema no marxista

El fascismo niega toda la estructura que le rodea en conjunto, busca romper el sistema, crear una nueva sociedad desde los cimientos. Por eso es antiliberal, antiparlamentario, antimarxista y anticonservador. Porque es anti lo que ha habido hasta entonces. Es, o quiere ser, un producto nuevo. Otra cosa son la práctica y el pragmatismo. Pero como idea nueva que surge en el periodo de entreguerras, el fascismo supone un rechazo total al mundo tal y como venía siendo organizado hasta entonces. De ahí que, además de rechazar individualmente las ideologías y estructuras mencionadas, también lo hace en bloque, como parte que son del mundo que el fascismo quiere enterrar. Su especial virulencia contra el movimiento obrero organizado según estructuras marxistas, asunto que habrá de tratarse con más detenimiento en un apartado posterior, deriva de la coyuntura. En realidad, el fascismo rechaza por igual a marxismo y capitalismo. Así, se coloca al margen del binomio político izquierda-derecha, abriendo una especie de *tercera vía* nacional, de manera que el fascismo en abstracto no tiene reparo alguno en llevar a cabo actividades propias de uno u otro tipo ni de pactar con unos y otros si dicha acción repercute en beneficio de sus intereses políticos.

El fascismo, al tiempo que niega el mundo en el que vive, niega también el individualismo, concepto hegemónico en la sociedad liberal. Tiende a suprimir al individuo y a fundirlo con la masa social amorfa que el líder carismático ha de conducir a la victoria. La masa es más fácilmente manipulable que el individuo, no tiene conciencia de su identidad más que como tal y es más audaz que la persona individual. De ahí la fuerza en el estilo de los discursos fascistas, diseñados para apelar directamente a los sentimientos; más para avivar la pasión que para convencer. En el planteamiento fascista, la masa no tiene individualidad; no existe el individuo, luego ¿para qué las elecciones?, que conceden poder decisorio a un ente subordinado y no sirven más que para dividir a la sociedad en bloques enemigos que no derivan más que en el mal de la nación; diferencias políticas que bajo estos parámetros son mínimas, despreciables cuando el objetivo es la grandeza de la patria.

A pesar de la imposibilidad real de clasificar al fascismo dentro de las estructuras de izquierda y derecha, dado su carácter ya explicado, no cabe duda de que las diferentes experiencias prácticas, tanto ideológicas como gubernamentales, que tomaron cuerpo en Europa tuvieron que definirse de alguna manera dentro de este esquema. Como veremos más tarde, con esta *ideología* no viene adherido, por ejemplo, ningún sistema económico: un régimen podría tratar de imponer un sistema soviético o capitalista, que no dejaría de ser fascista de pleno derecho si cumple los requisitos mostrados más arriba; pero es indudable que, tarde o temprano, un movimiento ultranacionalista y antisistema no marxista se ha de decidir por tomar una u otra postura en los problemas prácticos que acometen a cualquier sociedad. Así surge lo que denominaremos como fascismos de derecha y de izquierda.

En el caso de los dos movimientos mejor conocidos —fascismo italiano y nacionalsocialismo alemán— puede apreciarse una evolución práctica bastante acusada que los lleva a abandonar paulatinamente sus iniciales posturas izquierdistas o socialistas en favor de una progresiva derechización ideológico-práctica, a medida que iban recibiendo apoyo económico de los sectores más conservadores, que derivará en un claro posicionamiento en la diestra del arco político. Por supuesto, no sabemos si esta línea habría continuado en la misma dirección en caso de que las circunstancias hubieran sido otras o si la historia gubernamental del fascismo hubiera sido más larga; como sabemos, en el caso del mussolinismo el proceso se invirtió para volver a posiciones socializantes durante la república de Saló. Pero todo esto poco importa, porque el fascismo en abstracto no debe de sentir que se ha traicionado a sí mismo —de hecho, no lo hace— cambiando de modelo socioeconómico tantas veces y tan contradictoriamente como considere oportuno para el cumplimiento de sus objetivos nacionalistas. El fascismo italiano, por ejemplo, nunca llegó a tener un ideario claro. Contaba con unas pocas ideas base, pero sus planteamientos se fueron *formando* a medida que iban transcurriendo las situaciones, adaptándose al medio. Tanto el movimiento de Hitler como el de Mussolini sorprenden por la importante carga *roja* de sus primeros programas políticos —fechados en 1920 y 1919 respectivamente—, que contienen elementos altamente revolucionarios que los sitúan muy a la izquierda del espectro político. Obviamente, el proceso de derechización práctica que protagonizó la historia de ambas corrientes del fascismo contó con un importante número de elementos disconformes que mayoritariamente fueron purgados: son los que denominaremos como fascistas de izquierda —los hermanos Strasser, Ernst Niekisch, Ledesma Ramos...—, partidarios de la combinación de nacionalismo radical antisistema con unos planteamientos económicos y sociales muy cercanos a los propuestos por los movimientos de izquierda europeos.

No cabe duda de que el fascismo le debe mucho, ideológica y actitudinalmente, a la izquierda. Sus orígenes hay que buscarlos en el sindicalismo revolucionario y en las teorías de Sorel, antiguo dirigente socialista francés, quien, lejos de rechazar la teoría de la lucha de clases, lo que hace es sustituirla por la nación como mito revolucionario. En el capítulo quinto quedó bien constatado el hecho de que muchísimos líderes fascistas proceden de las filas de la izquierda, nombres muy importantes en la historia del fascismo que no volveré a enunciar. En todos ellos se mantuvo, como recuerdo de su pasado izquierdista revolucionario —el fascismo también es revolucionario, por su afán de alterar todas las estructuras vigentes— tanto la terminología como un importante poso ideológico fácilmente identificable en muchas de sus apariciones públicas. Visto lo visto, ¿hasta qué punto sería legítima la inclusión del fascismo dentro de la familia de las ideologías de la derecha contemporánea? El fascismo *per se*, ciertamente, no entra dentro de semejantes esquemas. Su revolución es nacional, no de derechas ni de izquierdas: el proceso de derechización del PNF no supone, así, ninguna traición a los postulados del fascismo, aunque sí a los del partido, que nació, en nuestra clasificación, como *de izquierdas*. De esta manera, el fascismo se zafa de los ordenamientos clásicos que dividen el espectro político para presentarse en forma de movimiento antisistema cuya única base doctrinal es la exaltación del nacionalismo.

Ahora bien, es claro que todo movimiento político, mucho más dentro de una sociedad de masas sin la existencia de la cual el fascismo sería impensable, se debe en gran medida a sus bases, y las bases de este movimiento nunca fueron las del marxismo. El fascismo se alimentó de clases medias, proletarias y marginadas, pero poco concienciadas desde el punto de vista revolucionario. Este déficit lo llevó en muchos casos a echarse en brazos de los sectores reaccionarios, que supieron adaptarse al medio y utilizaron al fascismo, anticonservador y antiburgués por principio, como escudo frente a lo que ellos consideraban la gran amenaza comunista. Se trató más bien de un movimiento interclasista, lo que hizo aún más difícil la pretensión revolucionaria de los primeros planteamientos fascistas. A pesar de que sí que supieron captar cierta gente dispuesta y activa, procedente de capas sociales menos afortunadas, estos partidos se vieron políticamente obligados por las fuerza de sus bases y de quien los alimentaba económicamente.

Hay quien ha defendido que el fascismo es *el extremismo del centro.* Esta idea parece poco fundamentada, puesto que difícilmente el centrismo puede ser revolucionario, característica básica del fascismo por su carácter antisistema. Al mismo tiempo, ya hemos visto cómo el fascismo puede adoptar posturas izquierdistas, derechistas o centristas sin perder por ello ni un ápice de su esencia fascista.

Marxismo y fascismo

El marxismo es una de las corrientes ideológicas que más profundamente han marcado el devenir de la historia de la humanidad. Padre de movimientos y sistemas tan importantes como el comunismo y el socialismo, aun a pesar de que en sus formas más radicales supone una virulenta reacción contra el sistema, su filosofía bebe de las corrientes teóricas que imperan en la sociedad europea de la época de entreguerras: igualdad de todas las personas, derechos humanos, etc. En este sentido, el marxismo formaría parte de la familia *del sistema* y de la *ideología franca o universal* que de él se deriva: el humanismo.

Las razones fascistas para oponerse al marxismo podrían esquematizarse en tres líneas fundamentales:

—Es un humanismo

—Es originariamente antinacionalista

—Tiene como columna de su ideario el materialismo histórico, planteamiento que el fascismo, como idealismo que es, rechaza de plano.

En primer lugar, el marxismo, como humanismo, recoge como esenciales los valores de igualdad y justicia individual despreciados por el fascismo, que exalta a la nación como ente mítico con personalidad propia, independiente y superior a la de cualquier hombre. En este sentido, el ideal fascista se perfila como radicalmente antisistema, puesto que llega mucho más lejos que el marxismo al rechazar no solo a las estructuras imperantes —liberalismo, parlamentarismo y capitalismo—, sino sus fuentes doctrinales, sus orígenes; cosa que no hace el marxismo, que se alimenta de ellas. El fascismo eleva así lo mítico, lo sentimental, lo irracional, al rango de valores legítimos de uso cotidiano en una sociedad y se convierte en una revolución vitalista, irracionalista y romántica que rompe de manera brutal con los valores materialistas y racionales que había heredado aquella sociedad.

La segunda de las razones que obligan al fascismo a declarar a los marxistas como enemigo político es la posición que adoptan ante el hecho nacionalista. La negación que presentan los planteamientos marxistas en aquella época a aceptar al nacionalismo, tachándolo de mentira burguesa, choca frontalmente con el fascismo, que como ya sabemos está conformado ni más ni menos que por nacionalismo en estado virulento.

Por otro lado, el fascismo reivindica para la sociedad otros valores que superen y completen el mero sentido materialista de los planteamientos marxistas. Como hijo del romanticismo, el fascismo revaloriza las ideas de valor, sacrificio y heroísmo; recurre a mitos y leyendas y les da una aplicación práctica, centrados principalmente en el objetivo de la sacralización de la patria. Del mismo modo, rechaza la teoría marxista de la lucha de clases, porque considera que existen otras causas que mueven a la sociedad y porque entiende que la fortísima división social que el marxismo provoca con este planteamiento divide a la comunidad nacional, que debe estar unida bajo el único manto de la patria común.

Todas las razones apuntadas convierten al marxismo y sus derivados prácticos en uno de los principales contrarios políticos del fascismo, al tiempo que supone un complicado rival dentro del terreno de la agitación revolucionaria, lo que provocó que en la mayor parte de los casos, el choque en las calles no se hiciera esperar. Esto no quiere decir que las posiciones fascistas se muestren contrarias a las reivindicaciones obreras, tan solo significa que se opone al marxismo, y por tanto al movimiento obrero organizado según estructuras ideológicas marxistas. Muchos partidos y agrupaciones de índole fascista de la época llevaron a cabo políticas obreras, creando incluso sus propios sindicatos que, si a veces derivaron en una anquilosada forma de sostén gubernamental, en otras presentaron unos importantes niveles de acción revolucionaria, existiendo incluso tendencias de izquierda radical dentro del fascismo que abogaron por la aplicación de un sistema socialista liberado de antinacionalismo y humanismo, y superador de la lucha de clases por la vía nacional.

LOS SUPLEMENTOS

Hasta aquí los elementos ideológicos del fascismo, la idea. Pero esta idea contiene también una serie de derivaciones o aplicaciones prácticas que, a pesar de no aparecer mencionadas en los corpus ideológicos de muchos fascismos, estuvieron presentes en muchos regímenes de este tipo. Al mismo tiempo, también existe una serie de elementos que presentes o ausentes, no alteran en nada la esencia fascista de un régimen o movimiento, pero que resultan muy importantes a la hora de definir a un fascismo en concreto. Son los elementos no esenciales del fascismo.

Aplicaciones prácticas más frecuentes

El partido suele ser, en los regímenes fascistas, único y supremo, de manera que consigue introducirse y organizar la vida de la sociedad. Aunque cierto es que la mayor parte de los programas políticos fascistas de la época no mencionan la necesidad de la existencia de un partido único y supremo en el hipotético régimen que buscan imponer, en la práctica esto suele ser así. De todas maneras, el partido no resulta estrictamente necesario para que un régimen político pueda denominarse fascista, de manera que podría perfectamente ser considerado como tal un gobierno que eliminase todos los partidos, incluido el propio, siendo así quizá incluso más acorde a la teoría antipartido que propone el fascismo ideal anteriormente descrito. La solución de partido único como organizador de la sociedad no es un rasgo definitorio ni específico del fascismo, ya que tanto los regímenes comunistas como algunos dictatoriales de derecha conservadora también aplicaron soluciones semejantes. Así, regímenes de partido único fueron los de Hitler y Mussolini, pero también los comunistas de la URSS y China.

Derivado de lo anterior se desprende que el fascismo, como régimen de gobierno, supone la aplicación de un sistema dictatorial policiaco de control social absoluto con aspiraciones totalitarias. Este modo de organizar la sociedad supone una derivación necesaria de las ideas que implica el fascismo teórico, dado el carácter independiente y supremo de toda voluntad externa que el fascismo teórico aporta a la nación. Una nación sacra, mítica, que debe de canalizar su poder y voluntad a través de un estado fuerte que todo lo sabe, que todo lo controla, que todo lo domina. El estado de control absoluto es la tendencia a la que apunta todo régimen fascista, si bien es cierto que la aplicación de semejante planteamiento resulta un objetivo más ideal que real, dada la imposibilidad, hoy por hoy, de lograr un conocimiento y control de todos los ámbitos de una sociedad. Tales características tampoco suponen un rasgo exclusivo del fascismo, puesto que también los regímenes comunistas del antiguo bloque oriental aplicaron un planteamiento de estado omnipotente integrado en un régimen dictatorial policiaco de control social absoluto con aspiraciones totalitarias.

El régimen dictatorial de control social absoluto que suele ser aplicado por el fascismo precisa de un dictador, un jefe carismático cuya labor sea interpretar la voluntad de la nación, que ni suele ni tiene por qué coincidir con la de las individualidades que la conforman. El dictador es una especie de profeta cuyo dios es una nación casi irreal, investida de elementos mágicos, de manera que justifica su dictadura basándose en una idea mas religiosa que racional: así como el dictador clásico —Miguel Primo de Rivera, Pinochet, Pildsiudski o el mismo Franco, a pesar de sus pequeños *designios divinos*—

asume el mando de un gobierno con la excusa de arreglar o llevar por buen camino al estado —pero siempre con un fin práctico—, el fascista es un individuo único investido de la facultad de interpretar y llevar a cabo la voluntad de la nación. Es un siervo de ella, el más fiel y su mejor conocedor, al que todos tienen la obligación de obedecer, cuyo poder se encarna en un estado omnipotente. Así, la práctica fascista quedaría dibujada por un ente supremo nacional, interpretado por un caudillo-profeta que hace uso de todo el poder del Estado para imponer la *voluntad nacional*, extraña y superior a la de los individuos que la conforman.

El fascismo, usualmente, suele presentarse como doctrina de salvación que precisa de la obediencia fiel de todos los miembros de la comunidad a un guía que los conduzca hasta la victoria. Por su antiparlamentarismo, presenta una alternativa dictatorial de la que se deriva un fuerte autoritarismo que, en muchos casos, deviene en un centralismo o deseo de control unilateral absoluto. La existencia de esta tendencia general no significa que el fascismo sea forzosamente un movimiento que admita como ideal de gobierno a un estado centralista. De hecho, hay excepciones importantes, que no por ello dejan de ser fascistas, como *La Cruz y la Flecha* y las JONS del español Ramiro Ledesma, que, como buen fascista, admitiría de buen grado un sistema de autonomías regionales en el caso de que esto supusiera un fortalecimiento nacional.

Tradicionalmente se ha considerado que este ansia nacionalista sumado a la actitud general abiertamente violenta del fascismo lo conducen irremediablemente a llevar a cabo una política exterior agresiva una vez que estos movimientos se hacen con el poder, más aún tratándose de nacionalismos con fuertes reivindicaciones irredentistas, como podrían ser los casos de la Alemania, Italia, Rumania o Hungría de la época. No obstante, a pesar de que el componente vitalista y nacionalista del fascismo lo lleve por estos campos, y de que todos los partidos de este tipo busquen una nueva y más poderosa situación de su país en la arena política internacional, no necesariamente tenemos que deducir que el fascismo genuino contenga inevitablemente un componente imperialista. Es evidente que un movimiento ultranacionalista como es el fascismo tendrá tendencia hacia el imperialismo, con lo que la mayor parte de sus expresiones prácticas serán, al menos programáticamente, expansionistas, lo que no significa que no pueda darse un fascismo no imperialista.

Por último, se ha achacado muchas veces al fascismo que es un movimiento contrario a la modernidad en busca de una nueva edad media. La principal razón aducida para defender estas tesis es el desprecio e incluso odio que los fascistas muestran por todos los valores que el ser humano ha logrado aupar desde la Ilustración hasta nuestros días. Evidentemente, la afirmación no es totalmente cierta, porque, si bien el fascismo rechaza ideales básicos de la Ilustración y la Revolución francesa, de muy buen grado admite otros, como el nacionalismo —que no se entiende sin ambos antecedentes—, eje central del credo fascista.

El fascismo ni es antimoderno ni está fuera de la modernidad. Es impensable un movimiento nacionalista y de masas en el siglo XVI, por ejemplo, una época en la que ni se hacía política de masas ni se entendía a la nación tal y como se hace hoy en día ¿Acaso son antimodernos Marinetti y sus futuristas?, ¿es antimoderno el uso que hicieron los *nazis* de las nuevas tecnologías y los novedosos métodos psicológicos de manipulación de masas? Se trata de un movimiento de su tiempo, del siglo XX, que no se entiende fuera de este contexto. Claramente moderno y modernizador en el sentido de que desea romper con el presente para construir un nuevo futuro, pero nunca mirando al pasado más que para buscar mitos que alimenten la fuerza de la nación.

Elementos no esenciales

Pocas organizaciones fascistas tienen una idea clara, desde el principio, del sistema económico ideal a aplicar. El fascismo busca renovar completamente la sociedad, pero no sabe bien ni cómo ni por qué camino hacerlo. Si bien existen movimientos de esta índole que sí lo tienen más o menos claro desde el principio, por ejemplo

Dollfuss y su sistema corporativista calcado del italiano, el fascismo *per se* no. Un movimiento político que cumpla las dos variables esenciales —nacionalismo extremo y reacción antisistema encarnado fundamentalmente en antimarxismo, antiliberalismo, antiparlamentarismo y anticonservadurismo— es fascista sea cual sea el sistema económico que adopte. Como sabemos, no supone ninguna contradicción el hecho de que un régimen fascista aplique métodos económicos comunistas, socialistas o capitalistas mezclados o alternados en el tiempo.

De esta manera, el fascismo podría definirse como productivista: se busca la mejora económica sin preocuparse del sistema que se vaya a aplicar. Por tanto, es un grave error considerar al corporativismo, como muchos hacen, el sistema económico fascista por definición: el corporativismo es una solución clásica de la derecha reaccionaria antiliberal. El fascismo también es antiliberal, pero no en el sentido de recuperar planteamientos socio-económicos anteriores a la Revolución Francesa, sino en el de superarlo por otros medios. Como revolucionario, el fascismo desprecia al pasado, lo que no es óbice para que se den numerosos casos en los que el fascismo adopta el sistema corporativista. Si bien en la historia hay muchos ejemplos de fascismos con corporativismo (Mussolini, Dollfuss), también los hay de fascismos sin corporativismo (Hitler) y de corporativismo sin fascismo (Cárdenas en México).

Un elemento que no identifica al fascismo pero que, curiosamente, ha sido muchas veces considerado como rasgo definitorio del mismo es el racismo. No es necesario que un movimiento sea racista para poder ser considerado fascista. Se trata de una característica adicional que algunos movimientos, como el nacionalsocialismo alemán, incluyeron dentro de su ideario particular, creando escuela a raíz de la enorme influencia que los *nazis* ejercieron en otras agrupaciones fascistas. Hoy en día, pocos saben separar fascismo y racismo, debido principalmente a que la mayor parte de los grupos neofascistas se basan en el ejemplo alemán, más poderoso que el italiano. Como sabemos, el movimiento acaudillado por Mussolini en ningún momento se planteó con seriedad el tema racial, ni siquiera antisemita, hasta bien entrada la alianza con el hitlerismo y la mayor parte de los partidos y grupos fascistas de Europa occidental durante la etapa de entreguerras no contienen ningún tipo de planteamiento semejante en sus postulados y actitudes. El racismo no es una característica que defina al fascismo y por lo tanto, no debe de contar a la hora de clasificar a un movimiento dentro de esta familia política. El hecho de que el nacionalsocialismo ponga el acento en la raza no quiere decir que el fascismo genérico sea racista.

FASCISMO Y NO FASCISMO

Teniendo en cuenta todo lo anterior, contamos con un cuadro suficientemente útil para discernir entre un movimiento o régimen fascista y otro que no lo es. Así, es claro que los movimientos de Hitler y Mussolini lo son, porque cumplen todos los requisitos —ultranacionalismo y rebelión antisistema, con todo lo que esto conlleva: antiindividualismo, antimarxismo, etc—. Junto a ellos habría que incluir partidos como la Falange Española anterior al Decreto de unificación franquista (1937), el D´Annunzismo, el nacionalbolchevismo en todas sus vertientes, el Movimiento Hungarista (*La Cruz y la Flecha*), la Legión del Arcángel San Gabriel o Guardia de Hierro rumana, el Partido Popular Francés de Jacques Doriot, el movimiento Christus Rex (rexismo) sobre todo en sus etapas finales, la Federación Nacional Flamenca (U.N.V.), el movimiento ustacha..., como grupos que cumplen perfectamente los requisitos que implica el fascismo. Siguiendo esta definición, no podemos considerar fascista al régimen de Franco ni al partido que lo sustentó desde el decreto de 1937 y tampoco al salazarismo, que como se ha dicho en páginas anteriores, aborrecía al fascismo por su afán de destrucción del individuo. En ambos casos se trata de regímenes nacionalistas de derecha conservadora tradicional, que nunca llegan a los extremos doctrinales del nacionalismo fascista y que recuerdan más a las dictaduras militares del cono sur de los años 70-80, como Videla y Pinochet, que a las ansias revolucionarias de Hitler o Mussolini.

Lo mismo cabe señalar para el caso del régimen petainista de Vichy, que a pesar de colaboracionista, nunca dejó de ser un sistema que ensalzaba el orden y los valores tradicionales como forma de organización social. Ninguno de estos tres regímenes puede ser considerado más que como la aplicación práctica de los ideales de la derecha conservadora española, portuguesa y francesa. Como dijo Payne, "cuando el nuevo sistema estaba encabezado por un general —Franco, Petaine, Antonescu—, los movimientos fascistas quedaban relegados a un papel subordinado, y al final, insignificante"[7]. En el caso portugués ocurre igual, como régimen militar y derechista conservador que es, a pesar de la no pertenencia de Oliveira Salazar al gremio de los militares.

El fascismo, como tal, no conlleva ningún tipo de dictadura militar; no se trata de ningún bonapartismo renovado ni de un invento burgués dedicado exclusivamente a la lucha contra el movimiento obrero. Como toda forma política de interpretación del mundo, es un ente vivo, y por lo tanto cambiante en sus formas no esenciales. No es lo mismo el fascismo de los años treinta que el neofascismo, lo cual no quiere decir que uno de los dos no sea, legítimamente, fascismo. Partiendo de la base de que todas las característi-

---

[7] Payne, Stanley G. *El fascismo*. Barcelona: Altaza, 1996, p.26.

cas provienen del binomio previo conformado por ultranacionalismo y movimiento antisistema no marxista combinados, esquematizaré al fascismo genérico en base a las siguientes consideraciones:

1. Nacionalismo extremo: Personificación de la nación y visión de ella como un ente autónomo y supremo.

2. Antiindividualismo: El individuo pierde todos sus derechos y personalidad en favor de la comunidad nacional.

3. La nación sustituye a la lucha de clases como mito revolucionario capaz de movilizar a las masas e integrarlas bajo un único fin.

4. Contra la democracia burguesa: antiliberalismo y antiparlamentarismo.

5. Antimarxista.

6. Visión antimaterialista del mundo. Romanticismo. Idealismo.

7. Movimiento revolucionario: Búsqueda de una ruptura rápida y completa del mundo tal y como lo conocemos para crear otro radicalmente distinto. Antitradicionalismo.

8. Antihumanismo: Repudio de la ética básica que rige a la sociedad liberal-parlamentaria, centrada en ideales como los de igualdad de derechos o libertad individual.

9. Voluntarismo: La doctrina no viene dada, sino que surge a medida que van pasando el tiempo y los acontecimientos, amoldándose al momento y la situación.

10. Productivismo. Definible, a grandes rasgos, como voluntarismo económico.

11. Derivaciones prácticas básicas de la doctrina fascista: Estado fuerte y omnipotente como elemento ejecutor de la nación, caudillo-dictador como personificación profética de la voluntad nacional y uso del partido como elemento de penetración en todos los ámbitos de la vida política, social, económica, ideológica y cultural de la sociedad.

12. Exaltación de la violencia como método.

13. Exaltación de la juventud y de todo lo moderno en contraste con el desprecio mostrado hacia lo viejo y anticuado.

14. Indefinición programática sobre temas relacionados con el racismo, organización social y administrativa, imperialismo..., lo que no es óbice para que fascismos concretos contengan alguno de estos postulados como básicos dentro de su doctrina política, caso del nacionalsocialismo alemán, por ejemplo, inexplicable sin el aporte racista, idea central que mueve todo el universo ideológico *nazi*. Estas características no definitorias del fascismo resultan extremadamente importantes a la hora de tipologizar los diferentes movimientos o regímenes fascistas.

Bibliografía

ABELLÁN, Joaquín. *Nación y nacionalismo en Alemania. La cuestión alemana (1815-1990)*. Madrid: Tecnos, 1997.

BOSWORTH, R. J. B. *Mussolini*. Barcelona: Península, 2003.

DIETRICH BRACHER, Karl. *La dictadura alemana*. Madrid: Alianza, 1973.

ELWOOD, Sheelagh. *Prietas las filas. Historia de Falange Española (1933-1983)*. Barcelona: Crítica, 1984.

GALLEGO, Ferrán. *De Auschwitz a Berlín: Alemania y la extrema derecha, 1945-2004*. Barcelona: Plaza y Janés, 2005.

KERSHAW, Ian. *Hitler*. Barcelona: Península, 2000.

LAQUEUR, Walter. *La Centuria Negra. Los orígenes y el retorno de la extrema derecha rusa*. Madrid: Anaya & Mario Muchnik, 1995.

NOLTE, Ernst. *El fascismo en su época: Action Française, fascismo, nacionalsocialismo*. Madrid: Península, 1967.

—. *La crisis del sistema liberal y los movimientos fascistas*. Barcelona: Península, 1971.

PAXTON, Robert O. *Anatomía del fascismo*. Barcelona: Península, 2005.

PAYNE, Stanley G. *Historia del fascismo*. Barcelona: Planeta, 1995.

REICH, Wilheim. *Psicología de masas del fascismo*. Barcelona: Bruguera, 1980.

RODRÍGUEZ JIMENEZ, José Luis. *¿Nuevos fascismos?: Extrema derecha y neofascismo en Europa y Estados Unidos*. Barcelona: Península, 1988.

STERNHELL, Zeev; Sznajder, Mario; Asheri, Maia. *El nacimiento de la ideología fascista*. Madrid: Siglo XXI, 1994.

TANNENBAUM, Edward R. *La experiencia fascista: sociedad y cultura en Italia (1922-1945)*. Madrid: Alianza, 1975.

TASCA, Ángelo. *El nacimiento del fascismo*. Barcelona: Ariel, 1969.

VEIGA, Francisco. *La mística del ultranacionalismo (Historia de la Guardia de Hierro). Rumania, 1919-1941)*. Bellaterra: Universidad Autónoma de Barcelona, 1989.